پیکر فرهاد

داستان ایرانی ـ ۹
رمان ـ ۶

معروفی، عباس، ۱۳۳۶ ـ

پیکر فرهاد / عباس معروفی. ـ تهران: ققنوس، ۱۳۸۱.

۱۴۳ ص. ـ (داستان ایرانی؛ ۹. رمان؛ ۶)

فهرست‌نویسی بر اساس اطلاعات فیپا.

چاپ دوم.

۱. داستان‌های فارسی ـ قرن ۱۴. الف. عنوان.

۹پ۴۵ع/۸۲۱۱ PIR	۸فا۳/۶۲
۱۳۸۱	۶۶۴مپ
	۱۳۸۱

ISBN 964-311-397-3

کتابخانه ملی ایران

م‌۱۷۵۸۵-۸۱

پیکر فرهاد

عباس معروفی

انتشارات ققنوس

تهران، ۱۳۸۲

انتشارات ققنوس

تهران ، خیابان انقلاب ، خیابان شهدای ژاندارمری

شمارهٔ ۲۱۵، تلفن ۶۴۰۸۶۴۰

۞ ۞ ۞

عباس معروفی

پیکر فرهاد

چاپ سوم

۴۴۰۰ نسخه

۱۳۸۲

چاپ شمشاد

شابک: ۳-۳۹۷-۳۱۱-۹۶۴

ISBN: 964-311-397-3

ای.ای.ان. ۹۷۸۹۶۴۳۱۱۳۹۷۱

EAN: 9789643113971

Printed in Iran

نمی‌دانم آیا می‌توانم سرم را بر شانه‌های شما بگذارم و اشک بریزم؟ با دست‌های فروافتاده و رخوت خواب‌آوری که از پس آن همه خستگی به سراغ آدم می‌آید به شما پناه بیاورم، در حالی که سخت مرا بغل زده‌اید و گرمای تن خود را به من وامی‌گذارید، گاهی با دو انگشت میانی هر دو دست نوازشم کنید و دنده‌هام را بشمارید که ببینید کدامش یکی کم است، و گاه که به خود می‌آیید با کف دست‌ها به پشتم بزنید آرام؟ بی‌آن‌که کلامی حرف بزنید یا به ذهنتان خطور کند که من چرا گریه می‌کنم، چه مرگم است؟ بی‌آن‌که بپرسید من که‌ام، از کجا آمده‌ام، و چرا این‌قدر دل‌دل می‌زنم، مثل گنجشکی باران‌خورده؟

نه. دیگر نمی‌توانستم.

بعد از آن سفرهای دور و دراز، بعد از آن همه سال تنهایی و دوری از چشم‌های براق و سیاهی که با یک نگاه از پشت روزنهٔ خانه‌اش زندگی مرا

به آتش کشیده بود، دیگر نمی‌توانستم سرگردان بمانم. آنچه را که می‌بایست از دست می‌دادم، داده بودم، خودم را فنای چشم‌هایی کرده بودم که شاید از پیش هم زندگی مرا زهرآلود کرده بود. و انگار به دنیا آمده بودم که در هجران چشم‌هایی سیاه و براق بسوزم. به جستجوی آن چشم‌ها در گردونه‌ای افتادم و تاوانی پرداختم که شاید در توانم نبود. بی‌آن‌که اختیاری از خود داشته باشم، در کاروانی از قلم‌ها و رنگ‌ها، در لابلای ذرات گلِ اُخرا و سـبزینه و لاجـورد و رنگ انار، شـهر بـه شهر می‌رفتم تا تصویرم را نقاشی روی قلمدانی بکشد و عاقبت در جایی که اصلاً فکرش را نمی‌کردم اسیر نگاه‌های وحشی و معصومانهٔ مردی شدم که شاید از پیش او را ندیده بودم. این دیگر از بد حادثه بود یا نه، اتفاقی بود که سرانجام باید می‌افتاد.

لباس سیاه بـلندی بـه تـن داشتـم بـا چین‌های مـورب مـثل خـطوط مینیاتور، و آن پیرمرد قوزی، عبایی به دوش داشت و شالمه‌ای دور سرش بسته بود، شبیه جوکیان هندی پاهاش را در هم گره انداخته بود و جوری قوز کرده بود که نقاش زیاد معطل نکند، انگشت سبابهٔ دست چپش را به حالت حیرت به لب گذاشته بود و به زمین خیره مانده بود. و حالا خیره بود.

من با گل نیلوفر کبودی به طرفش خم شده بودم و نقاش داشت زیر سایهٔ دیوار آن خانهٔ قدیمی تصویر ما را روی قلمدان می‌کشید.

در برابر ما خانهٔ کاهگلی کوچکی بود که از شهر مهجور مانده بود، تک‌افتاده و غریب، و درست در لحظه‌ای که من از این‌پا و آن‌پا می‌کردم که گل نیلوفر را به پیرمرد قوزی بدهم، ناگهان چشمم به صورت مردی افتاد که از دریچهٔ کوچک آن خانهٔ کاهگلی خیرهٔ من شده بود. خیره که نه، مبهوت و ناباور، با دهانی باز مانده. جوری که می‌ترسیدم نگاهم را به

طرفش برگردانم و قلبم شروع کرد به کوبیدن. چیزی در درونم زبانه کشید و قیژکشان از سرم بیرون رفت، انگار روحم بود که به آسمان پرواز می‌کرد. دلم هُری ریخت و احساس کردم اگر جلو خودم را نگیرم با سر به جوی آب می‌افتم. برای همین خودم را نگه داشتم و دیگر فقط سرسری نظری می‌انداختم، بی آن که نگاه کرده باشم.

کی بود؟ از کجا می‌شناختمش و کجا گمش کرده بودم؟ آیا او هم مرا می‌شناخت یا به یاد می‌آورد؟ آیا سال‌ها به جستجوی من دویده بود و خود را به آب و آتش زده بود اما حالا باور نداشت؟ یا این که چشمش ناغافل کار دستش داده بود و نمی‌دانست چه کند؟ شاید هم مثل من فکر می‌کرد خدایا، چقدر آشناست!

از خوشحالی چشم‌هام برق زد. دیگر چه فرقی می‌کرد که او را می‌شناسم یا نه. مهم این بود که او به من فکر کند و حالا داشت به من فکر می‌کرد. به لباس سیاه چین‌دار کهنه‌ام، به موهای سیاه نامرتبم که همین‌جور روی سرم کپه شده بود و چند پر روی پیشانی‌ام چسبیده بود، به گل نیلوفر کبودی که در دست راستم بود یا چپ، اصلاً چه فرقی می‌کرد؟ سعی کردم جلو لرزش دست‌هام را بگیرم و او همهٔ قدرتش را در چشم‌هاش ریخته بود که مرا سیر نگاه کند. مثل سوزن مرا به جایی در فضا دوخته بود که نمی‌توانستم تکان بخورم، دیگر حتی توان پلک زدن هم نداشتم. می‌خواست با چشم‌هاش یکباره مرا ببلعد و آرام بگیرد، و به این فکر کرد که لابد من به یاد شخص غایبی افتاده‌ام. خوب که دقت کرد دانست به یک پردهٔ نقاشی نگاه می‌کند. شاید به خاطر رنگ‌پریدگی و حالت خستهٔ صورتم احساس کرد بسیار افسرده‌ام. حتی لبخند به قول او مدهوشانه‌ام آن‌قدر در نظرش غم‌انگیز جلوه کرد که مطمئن شد منظرهٔ روبروش یک نقاشی بر پرده‌ای کهنه و قدیمی است.

دوباره سراپای مرا وراندازکرد و باز که نگاهمان گره خورد، قلبم شروع کرد، رنگم پرید و دهنم یخ کرد. احساس کردم دارم سکندری می‌خورم. خودم را نگه داشتم و نگذاشتم چشمم به دودو بیفتد اما کار از کار گذشته بود؛ پای راستم را جلو بردم که با سر توی جوی آب نیفتم، پردهٔ نقاشی به هم خورد. آن وقت پیرمرد قوزی زد زیر خنده. خندهٔ سرد و آزاردهنده‌ای که حتی کلاغ‌ها را بر شاخهٔ درخت‌های دوردست پر داد. من در ذهن او گفتم خندهٔ سرد و آزاردهنده، اما او گفت خندهٔ خشک و زننده‌ای که مو را به تن آدم راست می‌کرد. یک خندهٔ سخت دورگه و مسخره‌آمیز کرد، بی‌آن‌که صورتش تغییر بکند.

قد راست کردم که او را واضح ببینم، اما دریچه را بسته و رفته بود، و پیرمرد هنوز می‌خندید. نقاش قلم‌مویش را رها کرد و گفت که مسخره است. من سعی کردم به حالت اولم برگردم، اما گل نیلوفر از دستم افتاده بود و با آب رفته بود. هراسان بودم، نمی‌دانم چرا می‌لرزیدم. انگار که از خوابی طولانی پریده بودم و چیزی را به خاطر نمی‌آوردم. پیرمرد قوزی چشم‌هاش را دراننده بود و موهام را در پنجه‌اش می‌فشرد. نمی‌دانم چه مدت به آن حالت بودم، فقط به یاد دارم که هوا تاریک شد و من به او فکر می‌کردم، به آن چشم‌های سیاه و نافذی که خستگی و افسردگی در آن موج می‌زد و نشان می‌داد که او با همهٔ آدم‌ها فرق دارد، برای دریدن نگاه نمی‌کند. نشان می‌داد که او در طلب چیزی است که شاید در وجود من است. از من استمداد می‌کرد، به لباس، مو، چشم و همهٔ اجزای بدن من نیاز داشت. انگار می‌خواست به نوجوانی، کودکی، و نوزادی‌اش برگردد. نیازش را به مهر مادرانه‌ام می‌فهمیدم. انگار که بخواهد به بطن من برگردد، به درون من، به گرمای رحم من؛ جایی که انسان چمبره می‌زند و در خون خود دایره‌وار می‌چرخد، و این چرخهٔ بی‌سرانجام زندگی در این خواستهٔ

او خلاصه می‌شد. با دو دست گرد و خاک را پس می‌زد که تصویری روشن ببیند اما هر ثانیه که می‌گذشت تصویر تیره می‌شد و او عاصی‌تر و ناتوان‌تر، در حیرت بیش‌تری فرو می‌رفت. من چه می‌توانستم بکنم؟

در شهری زندگی می‌کردیم که خانه‌های کاهگلی داشت، با دیوارهای کوتاه که می‌شد از روی این بام به روی آن بام جست. با بازی‌های کودکانه‌مان که یکی شاه می‌شد و دیگری بچه‌خیاط. من هم دختر پادشاه بودم و بچه‌خیاط می‌خواست دختر پادشاه را بگیرد. افسار کره‌اسبش را دور دست‌های کوچکش پیچانده بود و کره‌اسب بی‌تابی می‌کرد. شاه گفت: «بچه‌خیاط! ستاره‌های آسمان چند است؟»

بچه‌خیاط گفت: «قبلهٔ عالم، موهای اسب من چند است؟»

شاه انگشت سبابه‌اش را به سوی او گرفت و گفت: «بچه‌خیاط! مرکز زمین کجاست؟»

پسرک دنبال سنگ می‌گشت. من سنگی از پشت تخت پادشاه برداشتم و به او دادم. میخ‌طویلهٔ افسار کره‌اسب را به زمین کوبید، شلوارش را بالا کشید و محکم جلو پادشاه ایستاد. اما کره‌اسب بی‌تابی می‌کرد. آن طرف میدانچه‌ای که ما در آن بودیم، یک نقاش تصویر پیرمردی قوزی را بر پرده می‌نشاند. قلم در رنگ می‌زد و برگ‌های خشکیدهٔ سرو را سبز می‌کرد. آفتاب تند می‌تابید و عرق از سر و روی ما می‌چکید.

کره‌اسب بی‌تابی می‌کرد و صدایی از دل زمین خبر از حادثه‌ای شوم می‌داد که نمی‌دانستیم چیست. شاه گفت: «آفرین بچه‌خیاط، از مشرق تا مغرب عالم کسی را به دانایی تو ندیدم، آفرین. نصف تاج و تخت را به تو بخشیدم. سرزمینم را...»

ناگاه عده‌ای شمشیر به دست میدان را فتح کردند و دمار از روزگار

آدم‌ها درآوردند. من که بزرگ‌تر بودم فرار کردم. از کوچه‌ای به کوچهٔ دیگر می‌گریختم و آن تشنه‌ها به دنبال من می‌تاختند. با دست پستان‌هام را گرفته بودم که نیفتند و هر چه تلاش می‌کردم نمی‌توانستم خط غباری از خود بر جای بگذارم. پس آهو در دشت چگونه آن خط پرپیچ و تاب را به جا گذاشته بود؟ یادم نیست چقدر دویدم فقط به یاد دارم که وقتی دوباره پا به میدانچه گذاشتم دیگر نای رفتن نداشتم. هیچ کس آنجا نبود و من نمی‌دانستم چه کار کنم. به کدام کوچه پا بایستی می‌گذاشتم که ناگاه با یکی از آن‌ها مواجه نشوم؟ آیا می‌بایست شادی‌های کودکانه‌ام را فراموش می‌کردم و در آن سال‌های بلوغ و جوانی به دنیای وحشی بزرگسالان پرتاب می‌شدم که مدام دست‌هام را ضربدری جلو سینه‌ام بگذارم، پاهام را جمع کنم و دور خود مچاله شوم؟ چقدر وقت داشتم؟ چرا زمین باز نمی‌شد که مرا ببلعد؟ زمان ایستاد و خورشید وسط آسمان میخکوب شد. نمی‌خواستم قلبم بایستد، در یک لحظه تصمیم خودم را گرفتم، پا به درون پردهٔ نقاشی گذاشتم، گل نیلوفر کبودی از کنار جوی آب چیدم و جلو پیرمرد قوزی خم شدم که گل را به او تعارف کنم. سر بلند کردم؛ آنجا آفتاب یک ور شده بود، گاه نسیم خنکی می‌وزید، و کلاغ‌ها داشتند به خانه‌شان برمی‌گشتند. آن وقت تشنه‌ها سر رسیدند، له‌له‌زنان و پریشان در جستجوی دختر پادشاه شمشیرهاشان را در خاک فرو کردند و درمانده زانو زدند. زیرچشمی نگاه کردم؛ سه نفر بودند با لباس‌های پشمی و سربندی که امتدادش در یقه‌شان فرو رفته بود. نمی‌دانم چطور در آن گرما تاب لباس پشمی تیره‌رنگ را داشتند، با دشداشه‌های زیره‌ای‌رنگ، بی‌آن‌که کفشی به پا داشته باشند. نفس‌نفس می‌زدند و بوی تند عرق تنشان اذیتم می‌کرد اما نمی‌توانستم تکان بخورم. بچه‌خیاط و پادشاه کجا رفته بودند؟ کدامشان تعلق خاطر بیشتری به من داشت؟ و کدامشان حالا

زنـده بـود؟ پیرمرد قـوزی چطور فرار کـرده بـود، و چـرا نقـاش پـردهٔ نیمه‌کاره‌اش را نبرده بود؟ چند کلاغ در منظرهٔ دوردستِ پردهٔ نقاشی غارغارکنان گذشتند. انگار که بخواهند مرا لو بدهند. آن سه مرد به بالای بام‌ها نگاه کردند، آفتاب مثل نیزه در چشم‌هاشان فرو می‌رفت. و لابد صدای سیرسیرک‌ها در فضا موج می‌خورد.

نقاش رفته بود و پیرمرد قوزی دست از کتک زدن من برداشته بود. همان جا نشستم و به دریچهٔ کوچکِ آن خانهٔ کاهگلی خیره شدم. آیا باز او می‌آمد؟ آیا دریچه را می‌گشود و به من زل می‌زد؟ همین قدر اگر دریچه را می‌گشود شب تارم سحر شده بود، هر چند که هوا تاریک می‌شد و دیوار یکپارچه در سیاهی فرو می‌رفت. چقدر دلم می‌خواست آن صورت استخوانی و نحیف را بر دامنم بگذارم و به آن چشم‌های سیاه براق نگاه کنم. چقدر دلم می‌خواست او را در آغوش بگیرم و مادرانه نوازشش کنم. بی‌آن‌که خود چشم بر هم گذارم، بگذارم تا صبح ابد بخوابد. مطمئن بودم که دریچه باز می‌شود و من باز آن چشم‌ها را می‌بینم.

مـثل ایـن‌کـه پیرمرد قـوزی فکـرم را خـوانـده بـود. بـه طـرفم آمـد، انگشت‌هـاش را در مـوهام فرو کرد و مرا با خود کشید. ناچار روی زانوهام بلند شدم، بعد برخاستم و به دنبالش راه افتادم. از آن زمان نه یک روز، نه دو روز، بلکه سه ماه، نه، درست دو ماه و چهار روز مثل مرغ سرکنده در فراق او و پرپر زدم و در تبی عجیب سوختم. دو ماه و چهار روز ما از جایی به جایی می‌رفتیم. از روی این قلمدان به روی آن قلمدان.

دیگر نمی‌توانستم.

می‌خواستم بگریزم، اما چرا تا آن روز به این فکر نیفتاده بودم؟ شاید جایی نداشتم یا انگیزه‌ای در کار نبود، و حالا آیا می‌توانستم؟ آیا کسی باور می‌کند؟ همهٔ درد این بود که می‌خواستند آدم را بپوشانند و پنهان

کنند، و یا تلاش می‌کردند لباس را بر تن آدم جر بدهند، و ما یاد گرفتیم که بگریزیم. اما به کجا؟ مرز بین این دو کجا بود؟ کجا باید می‌ایستادیم که نه اسیر منادیان اخلاق باشیم و نه پرپرشدهٔ دست درندگان بی‌اخلاق؟ من که تا آن روز جز کار تکراری تصویر شدن بر قلمدان به هیچ کاری آشنا نبودم، حالا یاد گرفته بودم که از پردهٔ نقاشی یا جلد قلمدان بیرون بیایم و از کار دنیا در حیرت باشم. به جستجوی چشم‌هایی راه بیفتم که به زندگی من معنا داده بود.

هیچ کس سراغی از او نداشت. هیچ نشانی از او نبود. دیواری نبود، پنجره‌ای نبود، چشمی نبود. درخت سروی بود، جوی آبی بود، پیرمرد قوزی بود و من بودم. حتی گل نیلوفر را هم آب برده بود. به هر طرف نگاه می‌کردم زمین‌های ترک‌خورده و تشنه‌ای می‌دیدم که نشانی از زندگی یا رد پای انسان در آن به چشم نمی‌خورد. کاش یک نفر از پشت پنجره مرا نگاه می‌کرد. و آیا این آرزویی محال بود؟

آن‌قدر شب‌ها به ستاره‌ها نگاه کردم که شاید او هم به آسمان نگاهی انداخته باشد هر چند گذرا، آن‌قدر به پرنده‌ها چشم دوختم که شاید از بالای خانه‌اش گذر کرده باشند. و آن‌قدر به نسیم سلام کردم که شاید صدای مرا به گوش او برساند، ولی کم‌ترین اثری از او نیافتم. او شاید همان ماهی طلایی افسانه بود که یک بار، فقط یک بار به تور پسر سوم پادشاه افتاده بود. اگر رها می‌شد پادشاه می‌مرد و اگر در دام می‌ماند ماهیان دریا می‌مردند. حکیمان گفته بودند که روغن مغز این ماهی دوای عاجل پادشاه است و پادشاه سخت بیمار بود. حکیمان گفتند ماهی طلایی را صید کنید. پسر اول پادشاه لشکر برداشت، نیمی از خزانه را خواست، کشتی‌ها ساخت و بادبان‌ها برافراشت. آب دریا را بیرون کشید اما اثری از ماهی طلایی نیافت. خسته و نالان برگشت. پسر دوم گفت من

بروم. لشکر برداشت، نیم دیگر خزانه را خواست، با تورها و کشتی‌ها و علم‌ها و کتل‌ها. آب دریا را بیرون کشید اما هیچ ردی از ماهی طلایی نیافت. پسر سوم گفت من هم بروم شاید اقبال رو کند. گفتند برادرهای بزرگت همهٔ خزانه را بردند و نتوانستند، تو دیگر چه می‌گویی؟ لازم نیست. پسر سوم قدری پول گرفت، یک تور برداشت و با چند همراه عازم دریا شد. تور در آب انداخت و همان اول‌بار ماهی طلایی را صید کرد. همهٔ ماهی‌ها به استغاثه و تضرع از آب درآمدند و در پای او افتادند که ای پسر! بدان و آگاه باش که اگر شاه ما را ببری از دریا بیرون خواهیم آمد و بر خاک خواهیم غلتید، دریا از ماهی تهی خواهد شد. با تقدیر ما و تقدیر خود بازی نکن. مگر نشنیده‌ای که وقتی ماهی طلایی دریای ارومیه را به بند کشیدند، ماهیان خود را بر خاک افکندند و آب دریا تلخ شد و هیچ جانداری در آن نماند؟

پسر حیران مانده بود، اگر ماهی طلایی را رها می‌کرد، پادشاه می‌مرد و اگر به خاکش می‌کشید، ماهیان دریا می‌مردند. ماهی را به آب انداخت و ایستاد تا همهٔ ماهی‌ها به دریا برگشتند. دریای آسمان پر از ستاره بود و من به هر کدام چشم می‌انداختم، او نبود. آیا صیدش کرده بودند یا من اسیر پردهٔ نقاشی بودم؟ چرا اسیر قوزی بودم؟ خودم هم نمی‌دانم. شاید سرنوشت من در رؤیای شما رقم خورده باشد و این چیزها برمی‌گردد به خوابی که شما دیده بودید. درست در شبی یا روزی که من زن نوهٔ متولی یک امامزادهٔ گمنام شدم.

شما بر درگاه خانهٔ ما ایستاده بودید و به اتاق ما نگاه می‌کردید. یک حیاط بود و یک اتاق. یک حوض آب هم بود. من کنار حوض رخت می‌شستم و سعی می‌کردم به شما نگاه نکنم. اما می‌دیدم که چشم از من بـرنمی‌داریـد. تـنـد و تـنـد رخت مـی‌شستم، مـی‌چلاندم و روی بند

می‌انداختم. چراغ پت‌پت می‌کرد و قوزی حرف می‌زد. آنقدر حرف زده بود که دهنش کف کرده بود. با موهای ژولیده، لباس کهنه و صدایی زنگدار و دورگه، حرف‌هایی می‌زد که هیچ کس معناش را نمی‌فهمید. شاید به زبان دیگری صحبت می‌کرد.

می‌گفتند از دار و ندار دنیا همین یک غربال زمین را دارد. یک حیاط و یک اتاق. موروثی هم نیست. پولی هم بابتش نپرداخته ولی چون نوهٔ متولی امامزاده بوده همین جوری گردن کج کرده و گرفته است. برادری هم داشت که مثل بچه‌های لجوج روی زمین خوابیده بود و گریه می‌کرد. نصف آن ملک را می‌خواست و برای همین پا بر زمین می‌کوفت و عر می‌زد. شما که نگاهش کردید، من به طرفش رفتم و دو تا کشیدهٔ جانانه خواباندم بیخ گوشش. اما صداش نبرید.

آن شب یا آن روز هوا ابری و سرد بود. من خودم را به شما رساندم، یا شاید شما خودتان را به من رساندید و گفتید همین بود؟ گفتم که دیگر نمی‌شود کاری کرد، من شوهر کرده‌ام و پابند شده‌ام. گفتید همین بود؟ عشق همین بود؟ گفتم بگذارید خاطره بماند. و شما برگشتید و گویا اتوبوس‌های تنها گاراژ آن دهکوره حرکت کرده بودند و شما ناچار شدید پیاده به شهر برگردید. از دور منظرهٔ شهر در تاریک روشن ادغام‌شده‌ای گم و پیدا می‌شد.

شما که از خواب پریدید، نقاش پرده را جمع کرد و ما شهر به شهر می‌رفتیم. از روی این قلمدان به روی آن قلمدان. صدای خندهٔ پیرمرد آزاردهنده بود، و من در تمام مدتی که گل نیلوفر کبود را به او تعارف می‌کردم، به این فکر بودم که آیا کسی از پشت پنجره مرا نگاه می‌کند؟ آیا او را دوباره خواهم دید؟ سه ماه، نه، دو ماه و چهار روز در حسرت دیدار او سوختم و به هر چیز که نگاه کردم به امید دیدار او نگاه کردم. عاقبت

فهمیدم که دیدار او محال است و تلاش من بیهوده. حتماً خوابی، خیالی بوده و گذشته است. مگر نمی‌شود دختری از پردهٔ نقاشی عاشق مردی شده باشد که از صبح تا شب کارش نقاشی روی جلد قلمدان است؟ مگر نمی‌شود آدم اسیر نقشی شود که خود درانداخته و آن‌قدر به دختر نقاشی‌اش دل بدهد که او را دلدار خود کند؟ و مگر خدا عاشق مخلوقش نیست و عاقبت او را به ستایش خود وانمی‌دارد؟ اما مگر کسی باور می‌کند؟

ما همدیگر را گم کرده بودیم. انگار کسی دیواری بین ما حایل کرده بود که ما همدیگر را نبینیم. من در تب او می‌سوختم، و او در تب من. چون نگاه‌های آتشین او نشان می‌داد که او به من علاقه‌مند نیست، دیوانهٔ من است، و من التماس را در آن چشم‌ها می‌خواندم. آن‌قدر در تماشای من وقت گذاشته بود که زمان را گم کرده بود. یک ساعت، یک سال، چند سال؟ زمانی که من از جای خود تکان خوردم و پردهٔ نقاشی به هم خورد، از وقتی صدای خندهٔ خشک و ترسناک پیرمرد قوزی خواب را بر او حرام کرد، دیواری بین ما قرار گرفت و ما همدیگر را گم کردیم. اما من که می‌دانستم او به من فکر می‌کند، به گل نیلوفر کبودم که حالا با آب رفته بود، به موهای سیاه نامرتبم، به لبخندی که روی صورتم نقش بسته بود، به رنگ مهتابی‌ام، به لباس سیاه چین‌دارم که حالا به تنم چسبان شده بود، به عشق، عشق که از کفش رفته بود، به زمان از دست رفته‌اش و به تقدیری که به او رکاب نداده بود فکر می‌کرد و بر مقدار مشروب و تریاک خود می‌افزود. از صبح تا شب کارش نقاشی روی جلد قلمدان بود و من همچنان شهر به شهر می‌رفتم. از روی این قلمدان به روی آن قلمدان.

هر چه بیش‌تر می‌کشید من دورتر می‌شدم، خودم دور می‌شدم اما خیالم خود را به او تحمیل می‌کرد. هر جا که می‌رفت، در خواب و بیداری

من در ذهنش بودم. در پستوی اتاقش، در خرابه‌ها، در کوچه و خیابان، همه جا بودم و نبودم. هر جا زنی می‌دید خیال می‌کرد منم. می‌ایستاد، دقت می‌کرد؛ نه این نیست. زن دیگری می‌دید. گمان می‌کرد منم، دنبالش راه می‌افتاد، نفس‌نفس‌زنان جلوش می‌پیچید و خیره‌اش می‌شد. نه، این نیست. دائم جلو چشمش بودم ولی او نمی‌توانست مرا ببیند، من هم نمی‌توانستم. اما دیگر نمی‌توانستم. در ذهنش گفتم آسایش به من حرام شده است و او گفت آسایش به من حرام شده است، چطور می‌توانم آسایش داشته باشم؟

یک بار در دکان سلمانی همین‌طور که از آینه به خیابان چشم دوخته بود و گذر کالسکه‌ها و آدم‌ها را تعقیب می‌کرد، ناگاه مرا دید. از جا بلند شد، پیشبندش را باز کرد، روی صندلی انداخت و بیرون پرید. با تمام توانش دنبال کالسکه دوید، از رکاب آن بالا آمد و به من نگاه کرد. نه، این نیست. چون من نبودم، کسی شبیه من بود.

خجالت‌زده و پشیمان از کالسکه پایین پرید و دوباره به دکان سلمانی برگشت. صاحب سلمانی تیغ به دست دم دَرِ مغازه‌اش در کار او حیران مانده بود اما او توجهی نکرد و دوباره رفت سر جایش نشست. پیشبندش را بست، و این بار در آینه چشم به دست مرد سلمانی دوخت که تیغ را بر یک نوار چرمی پس و پیش سُر می‌داد، آن‌قدر تند که نمی‌شد فهمید تیغ کدام است و چرم کدام. بعد دم تیغ را روی ناخنش کشید، روی شعلهٔ الکل گرفت و به سراغ او آمد. گفت: «یک صورتی بسازم عینهو دنبه.»

رعشه به اندامش افتاد اما خودش را نباخت. آب دهنش را قورت داد و ساکت ماند. به خودش که در آینه نگاه کرد دختری سیاهپوش آن‌جا نشسته بود. من بودم. با لب‌های غنچه‌شده، لبخندی که بر تمام صورتم نقش بسته بود، و موهای درهم و برهم سیاه. از پشت یک پردهٔ آبی‌رنگ

سرک کشیده بودم و چشم از او برنمی‌داشتم. گفتم این منم. و به طور نامحسوسی برایش سر تکان دادم.

او که تا آن لحظه با دو انگشت شست و سبابه به نوک سبیلش ور می‌رفت، و از خود بیخود شده بود ناگاه به خود آمد، کلاه از سر برداشت، نیم‌خیز شد و به خودش در آینه احترام گذاشت. مرد سلمانی عقب عقب رفت و گفت: «شما حالتان خوب نیست؟»

در همان وقت یک کالسکه جلو دکان سلمانی ایستاد. کالسکه‌چی یعنی همان پیرمرد قوزی پا به دکان گذاشت و به او تعظیم کرد. گفت: «امری داشتید که قربان؟»

به خودش اشاره کرد و حیران گفت: «من؟»

«بله حضرت آقا، اگر که خانم می‌خواستید که در خدمتگزاری حاضرم. هان. این خانمی که در کالسکه نشسته که ملاحظه فرمودید که، تازه‌کار است هان.»

سر برگرداند، نگاهی به زن کالسکه انداخت و نگاهی به من. صورتش گُر گرفت و در جاذبهٔ دو قطب گرفتار شد. معلق و بی‌وزن ماند و هر چه تقلا کرد نتوانست یاد من بیفتد. دوباره به زن کالسکه نگاه کرد؛ به چشم‌های سیاهش که شبیه چشم‌های من بود، به لب‌های غنچه شده‌اش، به موهای سیاه نامرتبش که به خاطر به‌هم ریختگی حالتی کولی‌وار به او می‌داد. در ذهنش گفتم چقدر شبیه من است. و او در دل حرفم را تأیید کرد و بر پروردگار هر دو درود فرستاد.

پیرمرد قوزی گفت: «دل‌دل نفرمایید که، دلتان را بروم.»

من در آینه اخم کردم و او با وقار خاصی از روی صندلی پا شد، پشت به من ایستاد، جوری که من در آینه دیده نشوم، و رو به کالسکه‌چی گفت: «نخیر، سوءتفاهم شده.»

مرد سلمانی خندید و قهقهه زد. کالسکه‌چی گفت: «که ملاحظه
بفرمایید.» و با دست پردهٔ دانه تسبیح را کنار زد و به زنی که در کالسکه
نشسته بود اشاره کرد: «هر جور که مایل باشید در خدمتگزاری حاضر
است، که عرض کردم که. دو قران و چهار عباسی با جا. باغ صلاح‌الدین
ایوبی که می‌دانید کجاست که؟ مطرب هم که هست هان. مشروب و
تریاک هم که اگر اهلش باشید، که البته.»

مرد سلمانی که حیرت کرده بود، دوباره خندید، با صدای زنانه‌ای
خندید که به نظر می‌آمد پیرزنی گریه می‌کند. اما او سعی کرد بر خودش
مسلط باشد. با نگاهی در آینه خواست ببیند من هستم؟ من سرم را زیر
انداخته بودم و با اخم به جوی آب نگاه می‌کردم. برگشت و با تحکم
مردانه‌ای گفت: «نخیر.» و چشمش که به آن زن افتاد دلش لرزید، زنی در
کالسکه سرش را زیر انداخته بود و با اخم به جوی آب نگاه می‌کرد، و با پا
ضرب یکنواختی بر کف کالسکه می‌کوبید.

برای این‌که مطمئن شود خواب نمی‌بیند، با دو دست پیشبند را چنگ
زد و کند، محکم پا بر زمین کوبید و گفت: «هیچ وقت نتوانستم بفهمم
حقیقت کجاست.»

بغض کرده بود و انگار داشت لب ورمی‌چید.

کالسکه‌چی شالمهٔ سرش را مرتب کرد، عبای پشم شترش را روی
شانه جا انداخت و با زبان چرب و نرمش گفت: «راستش که از وقتی دنبال
کالسکه راه افتادید و به این متاع نازنین که نگاه کردید، شک شما را
فهمیدم، شما حضرت آقا که زیادی مأخوذ به حیا هستید، اما که همهٔ این
شرم و حیا که از یادتان می‌رود. دودل نباشید که، بفرمایید. من خودم شما
را شخصاً می‌برم و شخصاً که برمی‌گردانم.»

به بهانهٔ پیشبند رو به صندلی برگشت و زیرچشمی نگاهی به آینه

انداخت. من سرم را تکان دادم یعنی متأسفم، واقعاً متأسفم. با همان تحکم و وقار سعی کرد بر تردید خود غالب شود. روی صندلی نشست و گفت: «نخیر، ما اهلش نیستیم.»

کالسکه‌چی چشم دراند: «مرد حسابی! وقتی اهلش که نیستی، خیلی بیجا راه می‌افتی دنبال کالسکه. وقتی مرد نیستی که چرا حاشا می‌کنی، یک‌کاره!»

مرد سلمانی باز خندید و او در آینه نگاهش کرد. گفت: «اگر اصلاح نمی‌کنی من بروم.»

سلمانی یکباره به خود آمد. گفت: «بله؟» و تند خودش را به صندلی او رساند، پیشبند را به دور گردنش پیچید. و کارش را شروع کرد. کالسکه‌چی غرغرکنان بیرون رفت و صدای شلاقش پیچید: هی.

«هی، اطراف سبیل یادت نرود.» و به خودش نگاه کرد. من با لبخند به آن سر دنیا نگاه می‌کردم یعنی که حق‌نشناس نیستم اما من زنم و ناز دارم. غرور چیز برازنده‌ای است.

گفت: «هی. یک روغن هم به موهام بزن.» و کلاه از سر برداشت. موهای سیاه و براقی داشت که وقتی سلمانی به آن روغن زد، براق‌تر شد. من یک نگاه تند و گذرا به موهاش انداختم، اما به چشم‌هاش نگاه نکردم. یعنی: که چی!؟ هر چه فکر کرد نفهمید، پا شد، پول خردی روی پیشخوان گذاشت و از دکان سلمانی بیرون زد. وقتی پردۀ دانه تسبیح را با دست کنار می‌زد برگشت و برای آخرین بار در آینه نگاه کرد. من از زیرچشمی نگاهش کردم و دستم را به آرامی تکان دادم. یعنی خداحافظ. و او باز در آینه برای خودش ادای احترام کرد.

من کجا بودم؟ او کجا بود؟ آیا می‌شد آینه را شکست و پا به درون آن سلمانی گذاشت؟ آیا می‌شد پردۀ نقاشی یا جلد قلمدان را شکافت و

بیرون آمد؟ چرا صدای نفس‌های من، صدای کمک خواستن من، فریاد پیاپی من از پشت آن همه زمان به گوش او نمی‌رسید که ناچار بودم به پردهٔ نقاشی پناه ببرم و خودم را این جور اسیر کنم؟ چرا او نمی‌توانست مرا از دست آن تشنه‌های پریشانِ سبیل آویخته نجات دهد که لَه می‌زدند و شمشیرشان را به تلافی از من در خاک فرو می‌کردند؟ چه کار می‌شد کرد؟ آیا می‌شد زمان را به‌هم ریخت و آدم‌ها را به دلخواه در جاهای دیگر قرار داد؟ چرا من در لحظهٔ ناچاری به پرده‌ای کشیده می‌شدم و او هر چه می‌کشید نمی‌توانست مرا به دست بیاورد؟ از صبح تا شب قلم در رنگ می‌زد و جلد قلمدان می‌ساخت و من در این تکرار و تکرار و تکرار دست به دست و شهر به شهر می‌رفتم و از او دور می‌شدم. دلش می‌خواست هر بار گوشواره‌ای از صدف یا فیروزه به دو گوشم بیاویزد، اما عادت نداشت. دلش می‌خواست پای یکی از قلمدان‌ها علامتی بگذارد و دنبالش راه بیفتد، ببیند دست کی می‌افتم، ولی عادت نداشت. دوست داشت که یک بار، لااقل یک بار به جای این‌که گل نیلوفر در انگشتانم بگذارد، دستش را به لبهٔ پیراهنم بگیرد و تند آن را بلند کند که ساق‌ها و ران‌هایم را ببیند، اما عادت نداشت. عادت داشت لباس بلند سیاهی تنم کند. عادت داشت لبم را قرمز کند، عادت داشت که هر روز غروب به گردش برود.

کار نقاشی روی جلد قلمدان که تمام می‌شد، شال و کلاه می‌کرد و راه می‌افتاد. جاهایی را دوست داشت که جوی آب و درخت سرو و گل نیلوفر داشته باشد. اما مگر هر جا که این چیزها بود، من هم بودم؟ و مگر چنین جایی اصلاً پیدا می‌شد؟ زیر درختی می‌نشست به خیال این‌که سرو است. به خیال خود محو مناظر می‌شد اما بجز خاشاک و شن داغ و استخوان دنده‌های اسب که مثل یک سبد درهم شکستهٔ حصیری بود، و سگ‌های ولگرد که روی خاکروبه‌ها بو می‌کشیدند چیزی نمی‌دید. مرا

می‌جست و نمی‌یافت، و من او را می‌خواستم و نمی‌توانستم. چرا این‌طور بود؟ آیا ما همدیگر را می‌شناختیم و یا پیش از این زندگی، همدیگر را دیده بودیم؟ شاید شما در خوابتان مرا دیده باشید، اما او چه؟ او هم مرا می‌شناخت یا فقط دزدکی و پنهانی از یک سوراخ، از یک روزنهٔ بالای رف نگاهم کرده بود؟

همهٔ این روی و گریز، همهٔ این بیم و امید، و همهٔ این اندوه دو ماه و چهار روز طول کشید تا سرانجام یک روز که او مشغول نقاشی روی جلد قلمدان بود، من گفتم که هوا بارانی است، برو افکار تاریکت را بشور.

مثل هر شب لباس پوشید، پالتو به تنش کرد، شالی به گردنش انداخت، کلاهش را به سر گذاشت و به گردش رفت. صداهای عجیب و غریبی می‌آمد، پرنده‌ای ناشناس در جایی می‌خواند و سگ‌ها می‌لاییدند. هوا مه‌آلود و گرفته بود. گرفته نه، غمگین بود. و او به هر جا که نگاه می‌کرد من بهش لبخند می‌زدم. مه به صورتش می‌سایید و او خیال می‌کرد دارم شبنم را از صورتش پاک می‌کنم. پرسه می‌زد و در سکوت به من فکر می‌کرد. به حرف زدنم، به خندیدنم، به انگشت‌های باریکم که وقتی جمعشان می‌کردم مثل غنچه می‌شد، به راه رفتنم؛ من چه جوری راه می‌رفتم؟ نمی‌دانست. فقط تصویری بی‌حرکت و مهتابی در ذهنش نقش می‌بست، با لبخندی گنگ بر تمامی صورت، و لب‌هایی غنچه‌ای که او خیال می‌کرد همین حالا از بوسه‌ای داغ برداشته شده و سیر نشده، با گردنی بلند، گل نیلوفری به دست، خم شده جلو پیرمردی قوزی. و عاقبت گُلم به جوی افتاد و با آب رفت، و حالا من فقط می‌توانستم انگشت‌های دستم را رو به بالا غنچه کنم. درست مثل نقاشی قلمدان.

شب از نیمه گذشته بود و مه همه جا را پوشانده بود. انگار کسی با دست جلو چشم‌هاش را گرفته بود که به درستی جلو پایش را نبیند، اما از

روی حس و غریزه خودش را جلو خانه‌اش یافت و درست در لحظه‌ای که می‌خواست کلیدش را دربیاورد، با دیدن من به خود لرزید. همان طور که من لرزیدم. از این که ناگاه با هیکل سیاه‌پوش و کلاه و شال‌گردنش از دل مه درآمد، لرزیدم. انگار اصلاً انتظارش را نداشته‌ام، انگار بر پله‌های خانه‌اش ننشسته‌ام. دندان‌هام را به هم فشردم و یک لحظه چشم‌هام را بستم.

کبریت کشید که جای کلید را روی در پیدا کند، ولی در پرتو نور رنجور کبریت، صورت مرا می‌جست و یافت. مثل آدمی که با جسد تجزیه شدهٔ خودش مواجه شده باشد، چنان خیره‌ام شد که لحظه‌ای خیال کردم لباس تنم نیست. دست‌هام را به حالت ضربدر روی پستان‌هام جمع کردم، زانوهام را به هم چسباندم و کمی در خود تا شدم. چنان سر جایش خشک شده بود که به نظرم آمد به خواب شما در تابلو یک نقاشی از او می‌بینم. کبریت تا انتها سوخت و او یکباره به خود آمد. دسته‌کلیدش را در دست چرخاند و بی آن که نگاه کند، از روی حس لامسه کلید را یافت، به قفل انداخت و در را باز کرد. با احترامی بی‌شائبه، مثل شاهزاده‌ها یا مردهای افسانه‌ای، آقامنش خود را کنار کشید، کلاه از سر برداشت و با دست دیگر اشاره کرد که من وارد شوم. من هم با خوشحالی تمام، با حالت زن زجرکشیده‌ای که پناه یافته باشد جلو افتادم، از راهرو تاریک گذشتم، در اتاقش را باز کردم و مثل این که آن جا را از قبل می‌شناسم در تاریکی اتاق سرگردان ایستادم تا کبریت بکشد. بعد در پرتو نور گردسوز به سرعت اتاق را با نگاه دور زدم؛ مقداری رنگ از همه رنگ، چند قلم‌مو و چند قلمدان نیمه‌کاره درست زیر یک رف بلند روی زمین ولو بود، یک میز کوچک و یک صندلی وسط اتاق بود و یک هزاربیشهٔ قدیمی در گوشه‌ای دیگر قرار داشت که دو شمعدان روی آن بود. در کنار هزاربیشه یک

تختخواب با ملافه‌های چرک‌مرده مرا به خود می‌کشید. از زور خستگی به تختخواب خزیدم و دراز کشیدم. سال‌ها سرپا ایستاده بودم، خم شده با گل نیلوفری همان طور مانده بودم که او نقشم را بر قلمدان بنشاند. احتیاج شدیدی به دراز کشیدن داشتم، دلم می‌خواست بخوابم، چشم‌هام را ببندم و به خوابی ابدی فرو روم. همهٔ ذرات وجودم درد را فریاد می‌کرد، و اتاقش مخصوصاً با حضور او و آرامش عجیبی به من می‌داد. گرمای تختخوابش جادویی بود. آه، خدای من، چقدر خسته بودم. نگاهی به او انداختم که در هاله‌ای از نور گردسوز روی صندلی چوبی نشسته بود و به صورتم زل زده بود. آیا باور نداشت که من حالا در برابرش، در دسترسش، در تختخوابش دراز کشیده‌ام که چنین هاج و واج شده بود؟ آیا همهٔ اراده‌اش را از دست داده بود؟ در ذهنش گفتم که از ناخوشی به شما پناه آورده‌ام. نه، راه گم کرده‌ام. می‌دانید من خوابگردم، شب‌ها در خواب راه می‌افتم و به سویی می‌روم. امشبم مال شما.

اخم‌هاش را در هم کرد و دندان‌هاش را به هم فشرد. گفتم نه عزیزم، من از آسمان آمده‌ام، برای شما آمده‌ام، مگر همین را نمی‌خواستید؟ باور کنید خواب نیست، رؤیا نیست، ببینید سایهٔ طاقچه‌تان روی پیشانی‌ام دلیل بر همین مدعاست که من در خواب به سراغ شما نیامده‌ام. و مگر صدای سگ‌ها را نمی‌شنوید؟ این مرغ‌های سرگشتهٔ گم‌نام گم‌شده چه می‌خوانند؟ هیچ زبانشان را می‌فهمید؟ چه کسی را صدا می‌زنند؟ می‌خواهید بلند شوم و برای شما برقصم؟ یک رقص نیایشیِ ساسانی، یا دست‌کم چند قدم راه بروم. می‌خواهید؟ نه، این را از من نخواهید. آن‌قدر خسته‌ام که حاضرم برای اثبات خود و عشقم فقط بمیرم. نخواهید که تکان بخورم.

در ذهنش به خودم گفتم این یعنی زندگی ابدی، آرام بخوابید من

نگاهتان می‌کنم. و من خوابیدم. تنم را به رختخوابش دوختم و در قعر بوی مردانه‌اش فرو رفتم. آن‌قدر فرو رفتم که او ناچار بود همهٔ حس بینایی‌اش را از پشت کاسهٔ چشم‌ها به کمک بطلبد و مثل سوزن تنم را به رختخواب بدوزد. توی دلم گفتم عزیز دلم، با نگاهت مرا بدوز. به هر جا که دلت می‌خواهد بدوز. به زندگی، به مرگ، به عشق، به هر چه دوست داری. در برابر نگاهت، من ابر می‌شوم، دود می‌شوم که بتوانی مثل باد بازی‌ام بدهی. نفس گرمت را روی تنم فوت کن، ببین چه جوری ناپدید می‌شوم.

کف دست‌هام را به هم چسبانده بودم و زیر صورتم گذاشته بودم، با پاهای روی هم افتاده، و موهای رها شده بر آن متکای سفید نمی‌دانم چه شکلی را برایش تداعی می‌کردم. تنها به خاطر دیدن صورت، و حالت شیطان و معصومانهٔ چشم‌هاش، تلاش می‌کردم پلک‌هام بر هم نیفتد. اما نمی‌شد. دلم می‌خواست حرفی بزند ولی نمی‌دانم چرا ساکت بود. تا کی می‌خواست ساکت بماند؟ چه چیزی او را به حرف می‌آورد؟ پیشانی‌اش عرق کرده بود، با سر آستین عرق پیشانی‌اش را پاک کرد و برای این که چیزی را از دست نداده باشد، به نگاه کردن ادامه داد. نمی‌دانم آیا از چیزی رنج می‌برد یا در بهتی مالیخولیایی فرو رفته بود؟ چشم از من برنمی‌داشت که مبادا بگریزم یا یکباره مثل مه از برابرش محو شوم. آیا شکل مرگ بود، شکل زندگی بود، یا ترکیبی از هر دو؟ با چشم‌هایی سیاه و درشت، ابروان آرام، بینی تیرکشیده و لب‌های کوچک، و آن صورت مثلثی که قرار بود چیز مهمی مثل یک قطرهٔ آب از چانهٔ باریکش بچکد و موقعیت بشری را اعلام کند، شکل پرنده‌ای بود که شبیه انسان است. نه مرگ بود و نه زندگی. یک مرد اثیری بود که هم بود و هم نبود. مثل جیوه، مثل مه یا بخاری که از دهن آدم در هوای سرد اظهار وجود می‌کند، اما نیست، و باز که دم و بازدمت را بجا می‌آوری هست.

باری، انسان فرّاری بود که هیچ وقت نمی‌توانی تکلیفت را با او روشن کنی. و من در فاصلهٔ چند بار بسته شدن چشم‌هام همین‌طور که نگاهش می‌کردم، رفته رفته سنگینی خستگی سال‌ها مثل آوار بر پلک‌هام فرود آمد. پاهام را کاملاً دراز کردم. انگشت سبابهٔ دست چپم را به دندان گرفتم و شروع کردم به جویدن. می‌خواستم در برابر خوابی که مثل سیل جاروبم می‌کرد، مقاومت کنم. می‌دانستم که نگاه تب‌زده‌اش را به من می‌دوزد، طرح اندام را دور می‌زند، از جایی به جای دیگر، از طرهٔ مویی به طره‌ای دیگر. از ناخن انگشتی به امتداد بازوها که انگار چیز گرانقیمت بسیار کوچکی در تنم گم شده و او باید پیداش کند. آن وقت خم می‌شود و به صورتم زل می‌زند. چشم‌هاش را تنگ می‌کند و می‌گشاید، سرش را دور و نزدیک می‌برد، تنم را می‌بوید و نفسش را در سینه حبس می‌کند، خوب می‌دانستم. حالا که چشم‌هام بسته بود می‌توانست بین تردید و یقین در جای نامأنوسی معلق شود. آره یا نه؟ در خلسهٔ روحانی پرامنیتی کـه آخرین نقطه‌اش بطن مادرانهٔ من بود یا آغوش زنانه‌ام، کدام؟ حرارت بدنش مثل دَم اژدها رطوبت لباس‌ها و موهام را می‌گرفت و تنم را گرم می‌کرد. نفسش می‌لرزید و قلبش مثل طبل می‌کوبید، طبل‌های ریز و درشت، همه هم بی‌هنگام.

و بعد می‌شنیدم که طبل‌ها فروکش می‌کردند، لنگر ساعت می‌گسست و طنین اعلام زمان از موسیقی تکرار خارج می‌شد و در همهٔ گام‌ها می‌دوید. و می‌دیدم که پسر سوم پادشاه ماهی طلایی را به دریا پس می‌داد، بی‌آن‌که به عاقبت وخیم کارش فکر کند. هر چه اشرفی و آذوقه داشت بین تورکش‌ها و همراهیان قسمت کرد، اما به یک نفر یک سکه کم‌تر رسید. فاجعه از همین جا شروع می‌شد. همیشه همین جور بود، وقت قسمت کردن، نطفه‌ها بسته می‌شد و در یک رحم گرم چمبره می‌زد.

آنجا نقطهٔ آغاز بود که یکی سنگ برمی‌داشت و آن قدر بر جمجمهٔ دیگری می‌کوفت که یک ستاره شهاب می‌شد، می‌سوخت و از بازی بیرون می‌رفت. من به وضوح می‌دیدم که به یک نفر یک سکه کم‌تر رسید، و او ماجرا را به گوش شاه رساند. شاه در بستر بیماری حکم مرگ پسرش را صادر کرد و دستور داد او را به همان جا ببرند و بکشند. عده‌ای سوار و میرغضب پسر را برداشتند و به کنار دریا بردند، اما نتوانستند و یا نخواستند او را بکشند. خبرچین را جای او کشتند و پسر را به امان خدا رها کردند.

پسر کنارهٔ دریا را گرفت و آن قدر راه رفت و رفت که از خستگی در سایهٔ سنگ بزرگی خوابش برد. در خواب می‌دید که سواران و میرغضبان جیب خبرچین کشته شده را خالی کردند و اشرفی‌هاش را قسمت کردند، اما معلوم نشد که آیا باز هم به کسی یک سکه کم‌تر رسید یا نه. و آیا کسی برای یک سکه می‌مرد؟

نمی‌دانم چه مدت در خواب بودم که چنین خواب به خواب شده بودم. یک لحظه فقط دریافتم که مایع گس و شیرینی به دهنم ریخته شد و از گلویم گذشت. بوی کودکی‌هام را از بیهق شنیدم. شراب بود، اما چند ساله، که چنین شیرین و گس بود و تا نوک انگشت‌های پاهام را گرم و زنده می‌کرد؟ شما تا به حال نوشیده‌اید؟ خون در رگ‌ها فواره می‌زند، می‌جهد، مثل یک قطار در تونلی تاریک و ناشناخته دم به دم سرعت می‌گیرد، و بعد دنیا از چرخش دیوانه‌کننده‌اش می‌افتد، آرام، آرام. چه گردش دلپذیری.

نمی‌دانم چه کسی شراب را به دهنم ریخته بود. آیا کسی در خواب مستم می‌کرد؟ آیا در خواب شما با کسی هم‌پیاله بودم، یا حتی با شما؟ و آیا کسی در آخرین لحظهٔ زندگی‌ام خواسته بود که این شهد ارغوانی را به

من بنوشاند تا شاید پشیمان شوم و بخواهم که باز به دنیا برگردم؟ نمی‌دانم چه کسی تمهید داشت، ولی من بر آفریدگارش درود فرستادم.

از ته دل آرزو می‌کردم که خودم را تمام و کمال تسلیم این فراموشی و رهایی کنم، گذشته‌هام را از یاد ببرم و تاب‌خوران در روزگار نقش و نگاران بمانم. نه. این ملنگی طبیعی نبود. مثل این که کسی قلم‌مو در شراب می‌زد و مرا می‌کشید.

صداهای غریبی می‌شنیدم. صدای چرخ و گاری و زنگ و آدم‌هایی که شتابان می‌گذشتند، صدای زنان و دختران گلفروشی که سبد پر از گلشان را به آرنج آویخته بودند و در میان مردم یک شهر دور، در لابلای آن همه هیاهو آرام برای دلشان ترانه‌ای می‌خواندند که من به وضوح می‌شنیدم اما زبانشان را نمی‌شناختم. صدای آهنگری، صدای حرف زدن مردم، و در میان آن همه انگار کسی، کسی را صدا می‌زد. آیا کسی مرا می‌خواند؟ پس این‌ها را من از کجا می‌شنیدم، و چرا همیشه احساس می‌کردم کاروان رفت و من جا ماندم؟

صدای مردانهٔ مردی را می‌شنیدم که از ته دل حرف می‌زد و تلاش می‌کرد زنی را به زندگی برگرداند. زنی که دو ماه و چهار روز با او زندگی کرده بود، زنی که با چشم سیاهِ افسونگر همهٔ هستی مرد را به خودش می‌کشید، با لب‌های غنچه‌شدهٔ نیمه‌باز، لب‌هایی که انگار تازه از یک بوسهٔ گرم و طولانی جدا شده ولی هنوز سیر نشده بود، موهای ژولیدهٔ سیاه و نامرتب دور صورت مهتابی‌اش را گرفته و طره‌ای از آن روی پیشانی‌اش رها مانده بود، با پیراهنی سرتا پا سیاه و حرکاتی موزون که بر کنارهٔ پل رودخانه‌ای قدم می‌زد، و مرد رو به رودخانه به دیوارهٔ پل خم شده بود و به پسربچه‌ای نگاه می‌کرد که هر چه پارو می‌کشید، قایقش

پیش نمی‌رفت. هوا مه‌آلود بود و مرد با تمام احساس حرف می‌زد اما زن گوش نمی‌داد، و من صدای دور شدنش را از پل می‌شنیدم.

صدای آه آن مرد به گوشم خورد، و بعد صدای به آب افتادنش. آن وقت همهمه شد و من نتوانستم بفهمم چه خبر شده است. این چیزها، این صداها مرا بی‌تاب می‌کرد و به رازی افسانه‌ای می‌رساند که از درک آن عاجز بودم.

در کاروانی از رنگ‌ها و قلم‌ها، در بین پرده‌ها و پرده‌خانه‌ها دست به دست و شهر به شهر می‌گشتم. یک جا مردی که پرده‌ها را یکی یکی برمی‌داشت و آن‌طرف‌تر روی هم می‌گذاشت پدرم بود. می‌دانستم که او پدر من نیست، اما باور کرده بودم که باشد. صدای پارس سگی را می‌شنیدم، پیرمرد قوزی پاهاش را در هم گره انداخته بود و در عبای پشم‌شتری فرو رفته بود. شالمه‌ای بر سر داشت، دانهٔ فلفل می‌جوید، و با چشم هیزش به پرده‌ها نگاهی می‌انداخت و با دست رد می‌کرد. من زیر یک درخت سرو کنار جوی آبی ایستاده بودم. به گمانم داشتم ناخن انگشت سبابهٔ دست راستم را می‌جویدم. یادم نیست. این بار قوزی پرده را رد نکرد و ماند. سرش را این‌طرف کج کرد، آن‌طرف کج کرد و همین‌طور به من خیره ماند. مردی که پدرم بود پرده را بالا گرفت. عرق‌ریزان با صورتی سرخ شده و چشم‌هایی وق‌زده این‌پا و آن‌پا کرد. قوزی دستش را بالا آورد که پرده را رد کند، ولی مثل این‌که پشیمان شد و دستش را پایین آورد. پدرم چشم‌غره‌ای به من رفت و گفت: «یک گل بچین به حضرت آقا تعارف کن.»

من به قوزی اخم کرده بودم. پدرم برافروخت و به دندان‌هاش فشار آورد. انگار زبانش را زیر دندان‌هاش له کرده بود که دانه‌های درشت عرق از دو طرف صورتش بیرون می‌زد و سرازیر می‌شد. از ترس خم شدم،

یک نیلوفر کبود چیدم و به پیرمرد قوزی تعارف کردم. انگشت حیرت به
دهن برده بود و نمی‌توانست چشم از من بردارد. موجی از احساس
رضایت بر چهره‌اش نقش بست. دست در یقه‌اش کرد، چند سکهٔ عهد
دقیانوس درآورد و به پدرم داد.

پدرم تعظیم کرد. پیرمرد قوزی بی‌آن‌که حرفی بزند، پرده را قاپید و
خندید. خندهٔ وحشتناکی که خواب را بر آدم حرام می‌کرد. ولی من وقعی
نگذاشتم. به راه افتادیم و به خواب شما آمدیم. آن شب یا آن روز مه‌آلود
و بارانی، در آن حیاط که یک اتاق داشت زن و شوهر شدیم. رختخوابمان
کف اتاق پهن بود و برادر قوزی پا بر حیاط می‌کوفت و عربده می‌کشید.
وقتی شما توجه کردید، من به طرفش رفتم و دو تا کشیدهٔ جانانه خواباندم
بیخ گوشش، اما صداش نبرید. و چقدر ما رخت چرک داشتیم. هر چه
می‌شستم تمامی نداشت. می‌شستم و می‌چلاندم.

بعد که شما از خواب پریدید، کسی قلم‌مو در شراب زد و مرا کشید.
چشم‌هام را سیاه‌تر کرد که به هر چه نگاه می‌کنم آتش بزنم. پلک‌هام
سنگین شده بود و مثل آوار باران‌خورده فرو افتاده بود. بعد دستی به
موهام کشیده شد و شقیقه‌هام را نوازش کرد. انگشت‌هایی لرزان لای
موهام رفت و خوابم را عمیق‌تر کرد. تنها در یک لحظه توانستم بفهمم که
زمان گذشته است، زمان بسیار گذشته است و من در اتاق او از فرط
خستگی به رختخواب گرمش دوخته شده‌ام. صدای نفس‌هاش را
احساس می‌کردم و می‌فهمیدم که بر روی من خم شده است. انگار با
نگاهش تنم را خاکستر می‌کرد و با نفس‌هاش به من جان می‌داد.

همهٔ قدرتم را سلب کرده بود و مرا به تختخواب دوخته بود. دستش را
در یقه‌ام برد. انگشت‌هاش عجیب داغ بود و من می‌سوختم، بی‌آن‌که
حس واکنشی داشته باشم. تنها صدای نفس‌های لرزانش را می‌شنیدم.

تسلیم بودم ولی برای آرامش ذهنم، دنبال یک صدای آشنا در سال‌های بعد می‌گشتم. صدایی که بتواند خیالم را از جایی بردارد و جایی دیگر بگذارد. پسری بگوید پروانه! و من بال‌بال‌زنان به سویش بروم. همیشه عاشق صدای گارمان روسی بودم. دم غروبی رفتم بهارستان، سر راه پشت شیشه‌های کافه لقانته نظری به داخل انداختم، اما چهرهٔ آشنایی ندیدم. به راهم ادامه دادم، جلو یک قهوه‌خانه ایستادم که صندلی‌هاش را در پیاده‌رو چیده بودند. قهوه‌چی لابلای میزها می‌چرخید و بار دستش را که کوهی از استکان چای بود، یکی‌یکی بر میزها می‌گذاشت. هزار تا استکان مثل پر طاووس مست.

تو دلم گفتم اگر سکندری بخورد؟ اما آن قهوه‌چیِ یک چشم، سقز می‌جوید و کمرش را قوس داده بود. خودش را مثل استکان کمرباریک کج می‌کرد و از لابلای میزها می‌گذشت. خواستم بنشینم و یک چای بنوشم. جا نبود. گذشتم. میدان را دور زدم و بنگاه‌های شادمانی را از نظر گذراندم. سردر مغازه‌هاشان پرده‌های رنگی داشت. جلو بنگاه شادمانی چشم‌آذر ایستادم. از پشت جمعیت سرک کشیدم که بر نوازندگان آن آهنگ غم‌انگیز درود بفرستم. دو نوازنده با لباس نو که به تنشان زار می‌زد و معلوم بود تازه آن را خریده‌اند، جلو مغازه ایستاده بودند و آن آهنگ شاد را می‌نواختند که خیلی غم‌انگیز بود. یکی‌شان گارمان می‌زد و گاه با متانت خاصی قر کمری هم می‌آمد، و آن دیگری بالابان می‌نواخت. آهنگی که مرا به فکر فرو می‌برد و احساس می‌کردم قبلاً آن را شنیده‌ام. آیا مثل لالایی‌های مادرم بود؟ آیا از عاشیق‌های رهگذر شنیده بودم؟ و آیا همان آهنگی بود که در روز عروسی‌ام می‌نواختند؟ ناگهان احساس کردم که سال‌ها بعد مرد نابینایی جلو کافه فردوسی این آهنگ را می‌نواخت؛ ای روزگار نقش و نگاران!

آرام شدم و گوش سپردم. دلم می‌خواست بنشینم اما آن‌قدر سرپا ایستادم که شب شد. مجبور شدم برگردم و خودم را به نفس‌های لرزان او تسلیم کنم. پهلوی من خوابیده بود و می‌خواست در وجود من پناه یابد. رفتارش ناشیانه بود. شاید دست و پاش را گُم کرده بود.

در خـودش مـچاله مـی‌شد، مـوهام را بـو مـی‌کرد، دست‌هـام را در دست‌هاش می‌گرفت و باز آن را رها می‌کرد. نمی‌دانست چه کند. دهنش مزهٔ سکهٔ عهد دقیانوس می‌داد، ته‌مزهٔ دهنش مثل کافور سرد بود، و هر چه می‌کرد نمی‌توانست جلو لرزش مضحکش را بگیرد. لرزش نبود، تشنجی بود که از نوکِ پا تا پوست پیشانی‌اش را به بازی گرفته بود و نمی‌دانم چرا نمی‌توانست بر خودش مسلط باشد. مثل کسی که قصد نابودی خودش را داشته باشد، مثل فداییانی که خود را از قله‌ها به قعر دره پـرت مـی‌کنند، مـثل چـریکی کـه ضـامن نـارنجک را مـی‌کشد و خمیده خمیده به آغوش قربانی‌اش پناه می‌برد، و مثل زنبور عسل که نیشش را می‌زند و خودش هم می‌میرد، تمامی خون رگانش را در یک نقطه فواره زد و مُرد. آری مُرد.

دیگر دروغ نبود. آن‌که قلم‌مو در شراب می‌گذاشت و مرا می‌کشید، آن‌که مرا از این قلمدان به آن قلمدان کوچ می‌داد، آن‌که اسیر نقش خود شده بود، حالا مرا عاشق خود کرده بود و خود مرده بود. در آغوش من مرده بود.

به صورتش دست کشیدم، تاکنون کسی را این‌جور یخ ندیده بودم. انگار آدمـی را از تگـرگ سـاخته‌انـد، ویـرانگر و سـرد و بـی‌رحـم! چـه می‌توانستم بکنم. دستش را که بر سینهٔ لختش بود بلند کردم، رها شد و دوباره روی سینه‌اش افتاد. خودم را کنار کشیدم و از ته دل جیغ کشیدم اما صدایی ازم درنیامد. از تخت‌خوابش پایین آمدم به اطراف نگاه کردم، چیزی

که آشنای من باشد نبود. بجز چند قلمدان که پرده به‌هم خورده بود و نقاشیِ روی جلدشان نیمه‌کاره مانده بود.

چراغ را روی صندلی کنار تخت گذاشتم و به او نگاه کردم. مرده‌ای در نور گردسوز تجزیه می‌شد و من نمی‌توانستم جلو گذر زمان را بگیرم. او رفته بود و من مانده بودم. آدمی سرگردان و بدبخت که نمی‌داند چه کار باید بکند. بدبخت، بدبخت، بدبخت. و آیا اگر من عاشق نقاش دیگری می‌شدم به این روز نمی‌افتادم؟ چرا عاقبت عشق، همه نکبت و ویرانی و بدبختی است؟ به کجا باید پناه می‌بردم، به کی را می‌گفتم؟ من که کسی را نداشتم. شب از نیمه هم گذشته بود و بجز پارس دور سگ‌ها هیچ صدایی نمی‌آمد. سرگردان وسط آن اتاق ناشناس ایستاده بودم. درست همان طور که مرا در خواب دیدید. همه سرگردان بودند، نه درشکه‌ای، نه اسبی، نه ماشینی. هیچ، هیچ. آدم‌هایی ناشناس، آن خیل عظیم انسان همه سرگردان رو به سویی که نمی‌دانستند کجاست حیران بودند. آن وقت یکی از عموهای من که سال‌ها پیش در جنگل‌های هندوستان با تیر زهرآلود بومیان به درختی دوخته شده بود، جوان و قبراق به طرفم آمد و مرا از پلی گذراند که هر دو سوی آن پر از مرده‌های تاریخ بود. مرا قلمدوش کرده بود و مثل باد از لابلای آدم‌ها می‌گذشت و بعد ما به صحن گورستانی وارد شدیم که پر از گل و درخت بود، هر جا گلی، درختی، علفی همین جور وحشی برآمده بود و قبرها را پوشانده بود. جایی بود که اصلاً به گورستان نمی‌مانست، به صحن امامزاده‌ای متبرک شبیه‌تر بود. به سردابه‌ای داخل شدیم که مجسمه‌ای بر تخت سنگی وسط آن نهاده بودند، پارچه‌ای روش کشیده بودند و شمشیری در شکمش فرو کرده بودند. گفتم: «ما یک زمانی مجسمه هم داشتیم؟» صدای لرزانم در آن سردابه لمبر خورد و به خودم برگشت، سرم را در دست‌هام گرفتم و از

ارتعاش صدای خودم به رعشه افتادم. صدای خندهٔ ترسناک قوزی بود. و بعد که صدا محو شد صدای من گفت: «این مجسمه نیست. این نوجوانی شماست.» و باز پژواک صدا به طرفم برگشت و قوزی خندید. جوری خندید که دندان‌هام ریخت. کف دست‌هام را جلو دهنم گرفتم و دندان‌هام را بیرون ریختم. سرم را بلند کردم، در قاب پنجره شما ایستاده بودید و من سعی کردم جوری نگاهتان کنم که انگار شما را ندیده‌ام. به پشت‌سر برگشتم، دری با صدای خشکی باز شد، عده‌ای آنجا بودند. پا شدم و دویدم. سردابه‌ای دیگر بود که بخار آب گرم در آن موج می‌زد. روی تخت‌سنگی وسط سردابه زنی سیاه‌گیسو خوابیده بود. در خواب شما همه اسم آن زن را می‌دانستیم اما کسی این را به ما نگفته بود. از پیش می‌دانستیم.

چشم‌های درشتی داشت با لب‌های گوشتالوی غنچه‌ای و گونه‌های برآمده. و چقدر جوان و تازه بود. انگار که اصلاً نمرده است، خواب است؛ زنی خوش‌تراش را بر سنگ خوابانده‌اند و می‌شویند. تر و تازه و نرم. هیچ کس را آنجا نمی‌شناختم. سرگردان بودم. و درست وقتی که شما وحشت‌زده از خواب پریدید و گفتید: «من سردم است» و از ترس به اطراف چشم دوختید، من به او نگاه کردم که زیر نور گردسوز در خواب هزاران سالهٔ مرگ فرو رفته بود. اتاق بوی شکم غریق بادکرده می‌داد. از تختخواب سرمای مرگ متصاعد می‌شد. سرمایی که مال هوا نبود، در جان اتاق لانه کرده بود و می‌خواست به بیرون هم سرایت کند. انگار نیرویی مرا واداشته بود که وسط آن اتاق بایستم و ذره‌ذره منجمد شوم. خودم را بغل کردم و به نور گردسوز خیره شدم. شما تشنه بودید. آب، آب. لب‌هاتان خشک شده بود، اما از ترس نمی‌توانستید تکان بخورید. ترسی ورای هراس از مرگ یا دریده شدن. چراغی خاموش و روشن

می‌شد، چراغی قرمزرنگ از نئون. شهر در نئون و تبلیغات خاموش و روشن می‌شد. سگی در دوردست پارس می‌کرد، و این‌ها شاید نشانهٔ خوبی نبود. لرزه به اندامتان افتاد و نفس در سینه‌تان حبس شد. از ذهنتان گذشت: «من سردم است» و دیگر چیزی به خاطرتان نرسید. دست بردید به طاقچهٔ کنار تخت، لیوان نیمه‌کارهٔ مشروب را برداشتید، از بوی تند الکل مشمئز شدید ولی لاجرعه آن را سر کشیدید و در خود لرزیدید. سرد و تلخ بود، ته مزهٔ گوشت مرده‌ای زیر دندان‌هاتان ماند که یک بار کسی در خواب در دهنتان گذاشته بود. از کوچه‌ای در روستایی می‌گذشتید که مغازه‌دارها مرده‌ها را مثل لباس کنار به کنار هم به چنگک آویخته بودند، تنظیف سفیدی روی آن‌ها کشیده بودند و پلاکی به هر کدام چسبانده بودند. به هر مغازه‌ای که نگاه می‌کردید، مغازه‌دارها پشت میزی در انتظار مشتری نشسته بودند. به یک مغازه دلباز دو دهنه رسیدید که مال عموی شما بود. همان عمویی که در بیست و یک سالگی جوان‌مرگ شده بود. حالا مسن‌تر به نظر می‌آمد و حوصله‌اش از کسادی بازار سر رفته بود. شما به مغازه‌اش وارد شدید، و داشتید به پلاک مرده‌ها نگاه می‌کردید که کسی با کارد بزرگی، تکه‌ای از بازوی مرده‌ای برید و در دهنتان گذاشت. شروع کردید به جویدن مستوره و از آنجا بیرون آمدید. به میدانگاهی رسیدید که یک قبر وسط آن بود. قبری برآمده از زمین که دری آهنی در سمت راست آن تعبیه شده بود، با چند قفل آویخته، برای محدود کردن رفت و آمد. از قبر دود برمی‌خاست و هیچ‌کس آنجا نبود. سگی در دوردست پارس می‌کرد و صدای آهنگری می‌آمد. مثل این‌که کسی به طور یکنواخت آهنی را بر سندان می‌کوبید. در خواب اسم آن شهر بیهق بود، شهری که نمی‌دانستید کجای نقشهٔ جغرافیاست.

گوشت تلخ را جویدید و قورت دادید. بوی عفن در سرتان پیچیده بود

و نمی‌دانستید چه کار کنید. ناچار از خواب پریدید و تا چند روز این مزهٔ تلخ و متعفن در دهنتان بود. دوباره لیوان را برداشتید و قطرات ته لیوان را روی زبانتان سراندید. زبان را به لب بالا کشیدید و خود را خاراندید.

از پنجره نور کمرنگی می‌تابید و چراغ‌های نئون به طور ناهماهنگی روشن و خاموش می‌شد. سر برگرداندید و چهرهٔ زن را روی تخت‌خواب کنار خود دیدید؛ چشم‌هاش مورب و پف‌کرده بود، مژه‌های بلندی داشت، با گونه‌های برجسته، پیشانی بلند، ابروهای به‌هم پیوستهٔ باریک و لب‌های گوشتالوی نیمه‌باز. موهای سیاه و نامرتبی دور صورتش روی متکا پخش شده بود با طُرّهٔ روی پیشانی. ملافهٔ سفیدی روی خود کشیده بود و انگار که از سرزمین قطب آمده و هیچ سرمایی به تنش کارگر نیست، آرام خوابیده بود. با حالتی افسرده و شاد. یک شادی غم‌انگیز، ترکیبی از خوشی افسارگسیخته و افسردگی ناشی از بلاهت.

هفت قلم آرایش می‌کرد و به سراغتان می‌آمد، بی‌آن‌که کوچک‌ترین توجهی بـه شـمـا داشته باشد. آیا فـرشته‌ای بـود کـه ادای لکاته‌ها را درمی‌آورد یا لکاته‌ای بود که گاه به فرشته‌ها می‌مانست؟ وقتی پای سه‌پایهٔ نقاشی غرق کار بودید، می‌آمد بالاسرتان می‌ایستاد، این‌طرف، آن‌طرف، و عاقبت می‌گفت: «خوب راهش را یاد گرفته‌ای. تا می‌آیم این‌جا، نقاشی را بهانه می‌کنی و صورت به صورت بوم می‌نشینی که این لکاته را بکشی. آخر این نکبت چی دارد که من ندارم؟»

عکس مرا می‌گفت. عکسم را از گوشهٔ بالای بوم برداشت و پرت کرد: «بی‌چاره، این اگر زنده بود، حالا همسن مادربزرگم بود. این همه این تحفه‌ها را کشیده‌ای، به کجا رسیده‌ای؟»

گفتید: «برو کنار، سر به سرم نگذار. مثلاً مدل مایی، نه می‌نشینی یک تابلو ازت بکشم، نه می‌گذاری از دیگران بکشم، پس من چه کنم؟»

لب تخت نشست، سرش را روی شانهٔ چپ برگرداند: «خُب، بیا مرا
بکش.»

همین را می‌خواستید، اما مثل همیشه تا آمدید قلم را روی بوم
بگذارید، راه افتاده و رفته بود.

جلو غریبه‌ها، جلو دیگران جوری رفتار می‌کرد که خیال می‌کردند
یکی از فداییان شماست که آمده جانش را در راه شما نثار کند، بی‌آن‌که به
فکر خودش باشد؛ کسی است که قدر شما را می‌داند و برای هنرتان ارج
قائل است، آمده که نگذارد از خود غافل شـوید؛ چـه مـی‌خوریـد، چـه
می‌پوشید، چه می‌نوشید، و آیا کسی به فکر شما هست؟ اما آن فرشتهٔ
زیبا یک احمق تمام‌عیار بود. احمقی که هیچ ارزشی برای شما و هنرتان
قائل نمی‌شد، مسخره‌تان می‌کرد، آزارتان می‌داد و وقتی از درد به خودتان
می‌پیچیدید و مچاله‌شده گوشه‌ای می‌افتادید، گل از گلش می‌شکفت و با
خوشحالی شما را ترک می‌کرد. مثل معتادی که در اوج نیاز به سراغ تریاک
می‌رود و در حالت نشئه و کیف، بعد از پک‌های عمیق و طولانی به وافور،
همهٔ نفرت کهنه‌اش را فوت می‌کند و بر عالم نشئگی لعنت می‌فرستد.

شاید همه چیز برمی‌گشت به همین واقعیت تلخ که قوزی‌ها تریاکی
بودند و ما قلمدانی‌ها همه عرق‌خور. اما دیری نپایید که ما هم تزریقی
شدیم، به هروئین و مرفین روی آوردیم و تباه شدیم.

پرسیدم: «این سکوت چند سالهٔ شما، یک حرکت سیاسی بود؟»

در خواب گفتید: «چندین تابلو نیمه‌کاره دارم که اگر قدری فرصت...»

نمی‌دانم چطور می‌توانستید او را و این وضعیت را تحمل کنید. چقدر
تابلو نیمه‌کاره، چقدر تحقیر، چقدر انزوا. حتی دیگر یادتان رفته بود سری
به محفلی بزنید و حرف‌هایی بزنید که عده‌ای از درد به خود بپیچند. گاه از
خانه بیرون می‌رفتید، چند تابلو کپی شده زیر بغل می‌زدید، به مغازه‌ای

در خیابان منوچهری تحویل می‌دادید، بخور و نمیری می‌گرفتید و از همان راه پیاده برمی‌گشتید. چیزهایی کپی می‌کردید که حوصلهٔ دوباره نگاه کردن به آن‌ها را هم نداشتید. پرتره‌ای، منظره‌ای، گلی، اسبی. و در همین کپی‌کاری‌ها بود که من شما را دیدم. وقتی پرترهٔ مرا می‌کشیدید، در تمام مدت به این فکر می‌کردید که ما همدیگر را جایی دیده‌ایم، شاید پیش از این زندگی ما خاطراتی با هم داشته‌ایم که به یاد هیچ کداممان نمی‌آید. خدایا، در کدام دورهٔ تاریخ ما همدیگر را دوست داشته‌ایم که هر چه نگاهتان می‌کردم سیر نمی‌شدم.

گفتم: «همه خیال می‌کنند شما مرده‌اید. من هم گاهی شک می‌کنم. راستی شما مرده‌اید؟»

گفتید: «ما اعتبارمان را از دست داده‌ایم. ما زمین خورده‌ایم.»

«شایع است که اعدام شده‌اید.»

«اسم این خیابان‌ها عوض شده، ظاهراً جنگ بوده، چه می‌دانم.»

موهای سرتان سفید شده بود و چند خال از سبیل آنکادر شده‌تان هم سفید می‌زد. دیگر خسته شده بودید و مرگ او را آرزو می‌کردید. من به زندگی مردی که در آغوش من جان داده بود فکر می‌کردم و شما به مرگ زنی که سوژهٔ کارتان بود. همان جور که من عاشق یک زنبور عسل شدم، شما عاشق یک لکاته شده بودید. زنی که می‌آمد جلو بومتان می‌نشست اما فرصت نقاشی به شما نمی‌داد. یک سیب به دستش می‌دادید و با شوق کودکانه‌تان شروع می‌کردید، اما چند ثانیه بعد می‌دیدید که سیب را خورده و خوابیده است.

«پس من چی بکشم؟»

«خــوب بکش، یک سیـب کـه خـورده شـده و زن زیبایی کـه دارد استراحت می‌کند.»

«ببین، خواهش می‌کنم اذیتم نکن. پنج دقیقه همان‌جور که گفتم لب تخت بنشین تا من طرح اصلی را بزنم، بعد استراحت کن. بیا این سیب را بگیر ولی نخورش.»

سیبی را که به دستش داده بودید پرت کرد، چشم‌غره‌ای بهتان رفت: «بخیل! به تو چه که من سیب می‌خورم. دلم می‌خواهد تپل‌مُپل بشوم. چشم‌های باباقوری‌ات چهار تا می‌شود؟»

«خوب بخور، بعداً. بگذار حالا این تابلو را بکشم.»

نشد. گفتید که باید کنار پنجره بایستد و با دست پرده را نگه دارد، جوری که مثلاً دارد با اشتیاق بیرون را نگاه می‌کند. شانه بالا انداخت، لب برگرداند و با اکراه به کنار پنجره آمد. مانده بودید که از کجا شروع کنید، برای سایه‌روشن چهره‌اش از چه رنگ‌هایی استفاده کنید. قلم در رنگ گذاشتید و خط بناگوش را کشیدید. آن موهای شلوغ سیاه، مژه‌های بلند تابدار، صبر کن، صبر کن. اما نشد. لحظه‌ای بعد پنجره را باز کرده بود و با مـرد رهگـذری خـوش و بـش می‌کـرد: «هی آقا. ستاره‌های آسمان چندتاست؟» خم شده بود و شما نشسته بر چهارپایهٔ کوچکی، فرو رفته در خود به چند خط بی‌معنای روی بوم فکر می‌کردید. بعد که خسته شد برگشت روی تخت دراز کشید و گفت: «ببخشید. حواسم نبود. بیا هر جور که خواستی بکش.»

اما شما دیگر حس و حالی نداشتید. رنگ‌ها روی تخته‌شستی خشک شده بودند و سرتان عجیب درد می‌کرد. روی زمین نشستید و سرتان را در دست‌هاتان گرفتید. برایتان چای آورد و سعی کرد از دلتان دربیاورد اما نشد. گفت: «مـرد بـاید جـوش و خروش داشته باشد. یـعنی چـی کـه می‌نشینی عزا می‌گیری؟ به تو هم می‌گویند مرد؟ پاشو کمربندت را بکش و بیفت به جانم. کبودم کن، بزن. بزن و خوشگلم کن.»

چرا این‌قدر اصرار داشت که او را بزنید؟ ریشه‌های این خودآزاری کجا بود که وقتی کمربند را به جانش می‌کشیدید، قهقهه می‌زد و بعد آرام و رام می‌شد؟ چه چیزی باعث می‌شد که روحیه‌تان را شکنجه کند، بدترین حرف‌ها را بزند و وقتی له‌تان کرد، کتک مفصلی بخورد و تلافی یک روز تلخ و سیاه را دربیاورد. و الحق که تلافی می‌کرد. دستتان که به رد کمربندها می‌خورد، آه می‌کشید و مثل مار به شما می‌پیچید. اژدهایی بود که می‌سوزاند و خاکستر می‌کرد. آن‌قدر تابلو نیمه‌کاره داشتید که نمی‌دانستید با آن‌ها چه کنید. مثل غذاهای نیم‌خورده که گاه فکر می‌کردید همه را دور بریزید و از نو غذای تازه‌ای بپزید. نه اصلاً نپزید، یک نان و پنیر و سبزی ساده به تمام آن غذاهای نیم‌خورده می‌ارزید. و آیا می‌شد که شما به دنبال یک آدم دیگر باشید، دختری ساده و روستایی که فقط بگوید چشم؟

«ببین عزیزم. دیگر دلم نمی‌خواهد بیایی این‌جا. این هم حقوق ماهیانه‌ات. برو.»

«تو برو. من کجا را دارم بروم؟ حالم از خانهٔ خودمان به‌هم می‌خورد. من این‌جا را خیلی دوست دارم.»

«پس چرا چند دقیقه نمی‌نشینی که من از یک اثر هنری ازت بسازم.»

«نقاشی نکن. مگر این همه آدم که نقاشی نمی‌کنند مرده‌اند؟ مگر این‌هایی که هنرمند نیستند زندگی نمی‌کنند؟»

کمربند، جیغ، قهقهه، آه. عشقبازی آتشین، بعد یک خواب آرام برای او، و یک کابوس ناتمام برای شما. حقوق ماهیانه‌اش را می‌گرفت، آرایش غلیظی می‌کرد و راه می‌افتاد. گوشهٔ میدان فردوسی می‌ایستاد و آن‌قدر این طرف و آن طرف را نگاه می‌کرد که وقتی ماشین‌ها جلوش رج بستند یکیش را انتخاب کند و سوار شود و داغش را به دل بقیه بگذارد. یا نه،

داغش را به دل شما بگذارد که از پشت دیوار خرابه‌ای او را زیر نظر داشتید و دست‌ها و پاهاتان به لرزه افتاده بود. آیا شما را جادو کرده بود که وقتی او را می‌دیدید هم از دلتنگی، هم از ترس رعشه به اندامتان می‌افتاد و قلبتان مثل طبل‌های ریز و درشت می‌کوفت؟ شاید کسی این حالت را نفهمد و باور نکند که یک بوم سفید بر سه‌پایه‌ای می‌گذاشتید، رنگ‌ها را روی شیشه پهن می‌کردید، قلم‌موها را ردیف کنار هم می‌گذاشتید و از پشت پنجره سرک می‌کشیدید و ساعت‌ها منتظرش می‌شدید که بیاید. اما همین که می‌آمد یکی دو پنجه به روحتان می‌کشید و کارتان را می‌ساخت. جز لکه‌های کثیفی بر بوم سفید شما چیزی نمی‌ماند.

گفت: «می‌آیی با هم عروسی کنیم؟»

گفتید: «تا به حال یک تابلو کامل ازت نکشیده‌ام. تو اصلاً به من فرصت نمی‌دهی که...»

ابروهاش را در هم گره می‌انداخت، لب‌های گوشتالوی کوچکش را برای اغوای شما ریزریز حرکت می‌داد، نگاه عاشق‌کشی به شما می‌انداخت و می‌گفت: «برای چی باید بیایم این‌جا؟ خدا لعنتت کند که مرا گرفتار کردی.»

«ولی من خیلی دوستت دارم.»

«دروغ می‌گویی مثل سگ.»

آخ که شما عجب صبری داشتید. چطور می‌توانستید تحمل کنید که کسی بیاید روح لطیفتان را در هم مچاله کند و به گوشه‌ای بیندازد، و بعد از روی ترحم یک چای برایتان بیاورد که به جنازه‌تان بنوشاند؟ چطور تحمل می‌کردید که یک پتیاره احمق فکر کند همهٔ دنیاست و آنچه او فکر می‌کند درست است و شما هم باید مطیع فکرهای ابلهانهٔ او باشید؟ اگر کمربند نبود چی؟ چگونه ارضایش می‌کردید؟

گفت: «با چوب هم می‌توانی بزنی، ولی یواش بزن که جاییم نشکند.»

مسخره می‌کرد، فحش می‌داد و تهمت می‌زد که دست به‌کار شوید. دوست داشت وقتی کمربند به تنش فرود می‌آید، سرش در هوا رها باشد که با هر ضربه‌ای موهای سیاه بلندش روی صورتش پخش شود. اما داستان همیشه به این چیزها ختم نمی‌شد.

یک بار رنگ‌روغن‌های شما را روی میز گذاشته بود و اصرار داشت که دیوارهای خانه را رنگ بزنید. هر چه می‌کردید که دست از حماقت بردارد، نمی‌شد. گفت: «خیال می‌کنی نقاش ماهری هستی! وقتی عُرضه نداری چهار تا دیوار را رنگ بزنی، گه می‌خوری ادعا می‌کنی.»

به همین سادگی رکیک‌ترین کلمات را به‌کار می‌برد و به همین سادگی له‌تان می‌کرد. شاید دیگران بگویند چه گناهکار بزرگی بودید که با لبخندش وامی‌دادید و همهٔ گناهانش را می‌بخشیدید، اما من به افسانه‌ای فکر می‌کردم که دختر پادشاه بیمار بود. اژدهایی در شکم داشت که در طلوع و غروب خورشید بیرون می‌آمد و همه را آزار می‌داد، حتی به صاحب خود هم رحم نمی‌کرد، و پادشاه برای شوهر دادن دختر به معجزه فکر می‌کرد. شاید هم معجزه‌ای نبود و پادشاه به راحتی می‌توانست خواسته‌اش را عملی کند. هر وقت به آن پردهٔ نقاشی نگاه می‌کردم به این فکر می‌افتادم که چطور ممکن است آدمی اژدها خورده باشد. دختر زیبایی که از اژدهای خود به تنگ آمده است. به پردهٔ نقاشی صحرای محشر شبیه‌تر بود، به مار غاشیه، روز صد هزار سال، خورشیدهای سوزان که آتش می‌ریختند و سایه نداشتند.

گفت: «از دست خودم خسته شده‌ام.»

رفت توی آشپزخانه، ظرف‌های چند روز مانده را شُست، موزاییک‌های کف را برق انداخت، سالن پذیرایی و اتاق خواب را مثل

دستهٔ گل تمیز کرد، یک چای برای شما آورد، سیبی به دست گرفت و لب تخت نشست. گفت: «بکش.»

پوزخندی زدید و با چند پُک پیاپی ته‌سیگارتان را روی زمین له کردید. گفت: «عیبی ندارد، دوباره جارو می‌کنم. بکش عزیزم.»

سرتان را در دست‌هاتان گرفتید و سعی کردید جلو انفجار جمجمهٔ داغ‌شده‌تان را بگیرید که به دور زمین می‌چرخید. انگار مس ذوب‌شده به درون سینه‌تان فرو می‌ریختند و هر چه در آن بود بخار می‌کردند، و باز این بخار داغ در کاسهٔ سرتان می‌چرخید و انباشته می‌شد. بی‌آن‌که قدرت اعتراض داشته باشید، دلتان به این خوش بود که باز او را می‌بینید، می‌بوسید، و بالاخره راضی‌اش می‌کنید که مزهٔ یک اثر ناب را بچشد و لااقل برای یک بار پا به پردهٔ نقاشی بگذارد. شاید دیگران شما را ابله بخوانند، اما من که خود هستی‌ام را برای یک نگاه دادم چه می‌توانستم بگویم. مثل آن شاعری که عاشق بود و تاب نمی‌آورد و گاه آواز هم می‌خواند. شاعری که همه می‌دانستند باید دو جفت کفش زنانه جلو درگاه اتاق، در برابر چشم‌های او بگذارند تا بیداد کند. در مایهٔ بیداد می‌خواند، ماهور می‌خواند، شور می‌خواند، تا چشمش به کفش زنانه می‌افتاد چه شوری برپا می‌کرد.

از پنجره نور کمرنگی می‌تابید و چراغ‌های نئون به طور ناهماهنگی روشن و خاموش می‌شد. سر برگرداندید و نگاهش کردید. در دلتان آرام گفتید: «کثافت، کثافتِ هرزه. دوستت دارم.»

خواستید بیدارش کنید و به سرش هوار بکشید، یک فریاد ممتد بی‌وقفه که مثل دَم اژدها او را بسوزاند و خاکستر کند و باز برویاندش. مثل جگر آن آدم زندانی در کوه‌های قفقاز. چه دست‌های قشنگی داشت با انگشت‌های کشیده و باریک که شبیه آن فندک‌های نازک بود و نگینی هم

داشت. دست‌هایی بی‌آزار، لطیف، مهربان. حتی وقتی که بددهنی می‌کرد و می‌خواست چشم‌هاتان را از حدقه درآورد، اگر سرتان را نزدیک خود می‌دید نوازش می‌کرد. نه خراش می‌داد، نه می‌شکست، نه می‌درید. از خودش هم خسته شده بود. تحمل اخلاق سگی خودش را نداشت، به مهربانی ادامه می‌داد. آن دست‌های رام و آرام وصلهٔ ناهمرنگی بود به تن بی‌قراری که رام هیچ آدمی نمی‌شد و فقط به فکرهای احمقانهٔ خود خو داشت. قلبی و ذهنی که فقط برای خودگُرنش می‌کرد و به راحتی پا بر هر چیز می‌گذاشت.

آن دست‌ها... چند بار آن‌ها را بوسیده بودید؟ چند بار گناهان او را به دست‌هاش بخشیده بودید؟ باز هم؟ خواستید دوباره بخوابید، اما حسی آمیخته از عشق و نفرت تپش قلبتان را تند کرده بود. اندوهی ازلی ابدی قلبتان را در مشت می‌فشرد، آن‌قدر که اشک از چشم‌هاتان سرازیر شد. بغض راه نفستان را بسته بود، هوس سیگار کرده بودید. روی طاقچه بود، یکی آتش زدید و به من فکر کردید که وقتی می‌خندیدم گونهٔ چپم چال می‌افتاد و سرم را کمی جلو می‌آوردم و خم می‌کردم. به موهای سیاهم فکر می‌کردید که هر چه هم مرتبش می‌کردم باز نامرتب بود. یک دسته همین جوری روی سرم کپه شده بود و از این طرف و آن طرف، طره‌ها می‌ریخت.

مثل بخار دهن یا مثل دود سیگار؟ محو شدم و او آمد. میدان فردوسی ساخته شد، با تک و توک ماشینی که می‌گذشت، نور زرد فسفری دور تا دور میدان را روشن کرده بود؛ فواره‌ها شرشر می‌کردند و فردوسی حتماً بالای آن تخته‌سنگ عظیم، سنگ شده بود، یک ماشین گشت هم آرام دور می‌شد. قلبتان مثل طبل می‌کوبید، نمی‌خواستید به این چیزها فکر کنید، اما من رفته بودم و او به ذهنتان آمده بود. گوشهٔ میدان فردوسی

ایستاده بود، بند بلند کیفش را روی شانه با کف دست و انگشت شست گرفته بود، تق و تق آدامس می‌جوید، به ماشین‌ها نظری می‌انداخت و نگاهش حالت انتظار داشت. ماشین‌ها جلوش رج بسته بودند و عقب و جلو می‌کردند. نگاه تند و گذرایی به هر کدامشان می‌انداخت. عاقبت سوار یکی شد و رفت. کجا رفت؟

شما پشت دیوار خرابهٔ آن ساختمان بلند که با بمب منفجر شده بود، کمین کرده بودید و چشم به صحنه‌ای تلخ داشتید که می‌بایست دستتان را به دیوار بگیرید تا پس نیفتید، یا مثل من سکندری نخورید که گل نیلوفرتان را آب ببرد. مثل گنجشکی اسیر در دست‌های بچه‌ای بی‌رحم؛ دل‌دل می‌زدید و هیچ کاری هم نمی‌توانستید بکنید. اگر شهامت به خرج می‌دادید و در میان آن همه ماشین جلو می‌رفتید تا به خیال خود او را از دست دیو فولادزره نجات دهید، خود در قلعهٔ سنگباران سنگسار می‌شدید و دیو فولادزره چشم می‌دراند و داد می‌زد: «چی می‌خواهی مزاحم؟»

یک کشیده به صورتش زدید: «می‌دانی با من چه می‌کنی؟»

«تو کی هستی؟ نمی‌شناسمت.» و با آدامسش تق‌تق کرد و گفت: «بگذار به کاسبیمان برسیم.»

بازویش را گرفتید که او را به پیاده‌رو برگردانید. ماشین‌ها شروع کردند به بوق زدن، و او با یک حرکت عصبی خودش را از دست شما خلاص کرد، از عرض خیابان گذشت، باغچهٔ وسط خیابان را لگدکوب کرد و در جهت مخالف شما، جلو یک ماشین بزرگ شیک دست نگه داشت، سوار شد و رفت. شما پاهاتان می‌لرزید. و حالا پشت یک دیوار خرابه، دستتان را به جایی گرفته بودید که نیفتید. نه. دیگر شک نداشتید که لکاته‌ای وقیح

است، و از آن شب دیگر شهامت نداشتید همراهش راه بیفتید. اما چرا پنهانی به آنجا می‌رفتید؟ آیا او می‌دانست که دارید نگاهش می‌کنید؟

سیگارتان را خاموش کردید. بوی تند زیرسیگاری آزاردهنده بود. گذاشتیدش زیر تخت و خوابیدید. اما خوابتان نمی‌آمد. به سختی نفس می‌کشیدید و قلبتان تند می‌زد. ناگهان دستی آمد، دست‌های مهربان او پتو را روی تنتان کشید، در کمرگاهتان آن را جمع کرد، شانهٔ راست و گردنتان را پوشاند و از روی پتو سینه‌تان را نوازش کرد. وحشت‌زده سر برگرداندید و نگاهش کردید. خواب بود و مژه‌های ریمل‌کشیده‌اش به هم چسبیده بود. تا صبح هزار بار پتو را روی تنتان می‌کشید مبادا که سرما بخورید. صبح با یک سینی صبحانه به سراغتان می‌آمد و بیدارتان می‌کرد. کی بیدار می‌شد که دور چشم‌ها، مژه‌ها، گونه‌ها و لبش را این‌جور نقاشی می‌کرد؟ مینیاتور می‌کشید و با لبخند جلو رویتان می‌نشست. چشم که باز می‌کردید او را می‌دیدید. عروس. هیچ کاری به اندازهٔ آرایش به او لذت نمی‌داد، و در هیچ کاری این دقت را نداشت. چه حوصله‌ای! کاش می‌توانست ذهنش را یا فکرش را بیاراید. کاش به جای این‌که خامه و عسل را روی نان سوخاری بمالد و در سینی جلو شما بگذارد آدمی می‌شد که بفهمد از زندگی چه می‌خواهد، و آدم‌ها چه قیمتی دارند.

باز من به ذهنتان آمدم. ایستاده در میان اتاق و سرگردان. مردی روی تخت‌خواب مرده بود و نور گردسوز پت‌پت می‌کرد. گفتم من سردم است. چهارپایه را کنار رف گذاشتم و از آن بالا رفتم. یک بغلی شراب آنجا بود که در لایه‌ای از غبار و کارتونک به فراموشی سپرده شده بود. کارتونک را پاره کردم و بغلی شراب را برداشتم. همین که خواستم پایین بیایم چشمم به دریچه‌ای خورد. به نظرم عجیب آمد، آن را می‌شناختم و نیرویی نامرئی از پشت آن دریچه مرا به سوی خود می‌کشید. دستم به طرف

دریچه رفت و آن را گشود. صحرایی بود که مهتاب مثل کف همه‌جاش را سفید و آبی کرده بود. بی‌آن‌که نشانی از آدم یا زندگی باشد. فقط صدای سگی از دور می‌آمد. یا نه، پیرمرد قوزی قهقهه می‌زد. چه فرقی می‌کرد؟ صدا آن قدر دور بود که نمی‌شد تشخیص داد. بایستی بیشتر دقت می‌کردم یا به انتظار صبح می‌ماندم که در روشنایی ببینم کجا به کجاست. علی‌الحساب دریچه را بستم و از چهارپایه پایین آمدم. اما هنوز سرگردان بودم. نمی‌دانم چرا آن‌جا بودم. بغلی شراب را با پارچه‌ای که کنار قلم‌موها افتاده بود پاک کردم و درش را گشودم. چه بوی آرام‌کننده‌ای داشت. بوی تاکستان‌های نیشابور در فصل بهار بود یا بوی نان تازه در کوچه‌های کودکی‌ام. نمی‌فهمیدم. شاید هم بوی شرابخانه‌های بیهق بود، شاید. شاید.

انگار معبد می‌ساختند، زمین را می‌شکافتند، اتاقی به شکل تخم‌مرغ می‌ساختند، با گِل رُس دیوارهاش را اندود می‌کردند، بعد خشک‌ترین هـیـزم را درون آن مـی‌ریختند. و آتش مـی‌زدند؛ جـهـنمی مـی‌شد که نمی‌توانستیم به آن نزدیک شویم. بعد از چند روز در کنارش چهل پله تعبیه می‌کردند و در پای پلهٔ چهلم، شیر این معبد را کار می‌گذاشتند. مراسمی داشت، جویبار زلال بیهق روزها و روزها به درون این معبد می‌ریخت و از شیر، آب سیاه می‌آمد، و آن قدر می‌گذشت تا آب شیر زلال می‌شد، آب را برمی‌گرداندند و انگورهای تاکستان را درون معبد می‌ریختند که آفتاب تابستان آتش به جان آن بیندازد. اولین برف که می‌بارید، پدرم کوزه‌ای به دستم می‌داد و مـن در آن سـرما، پـای پیاده کوچه‌ها را طی می‌کردم، چهل پله پایین می‌رفتم و کوزه را پر می‌کردم. در راه هر جا خسته می‌شدم کوزه را زمین می‌گذاشتم و لب بر لب کوزه نفس

می‌گرفتم. بوی شیر مادرم را می‌داد، یا نه، بوی باران عید نوروز. نمی‌فهمیدم.

سر بغلی را با کف دست پاک کردم و یکی دو جرعه سر کشیدم. آتش مذابی به درون سینه‌ام ریخت و رگ‌های منجمد مغزم را به گردش درآورد. شـعلهٔ گـردسوز را پایین کشیدم. دو شمعدان قدیمی بـالای تختخواب را روشن کردم، یک پیاله شراب از لای دندان‌های کلیدشده‌اش در دهن او ریختم و منتظر ماندم. انگار پلک چشم چپش حرکت خفیفی کرد و باز آرام گرفت، خطی مثل خون از گوشهٔ لبش بیرون ریخت و روی صورتش سُر خورد.

لب تختخواب نشستم و نگاهش کردم. نه. اشتباه نکرده بودم. او مرده بود و بوی سرد مرگ از موهای سیخ‌شده‌اش متصاعد می‌شد. مثل این که چند روز از مرگش می‌گذشت، یا شاید چند سال. تا زنده بود آسایش را بر من حرام کرده بود و حالا که مرده بود افکارم را منجمد می‌کرد. سرمایی که در تقابل با آتش آن شراب کهنه، در پرتو نور شمع حالتی اسرارآمیز به خود می‌گرفت. به نظر می‌رسید که آدمی از مرگ به دنیای خواب سیر می‌کرد. حالا به مرده شباهت نداشت، نه. او نمرده بود بلکه در خواب شیرینی فرو رفته بود. مثل هر شب که پس از نقاشی روی قلمدان از فرط خستگی به تختخواب پناه می‌برد و تا سرش را می‌گذاشت، می‌رفت. مثل روح قیژکشان به دنیای خواب سر می‌نهاد. جایی که من به دیدار شما می‌آمدم. گوشه‌ای می‌نشست، کلاه‌شاپواش را تا دم ابروهاش پایین مـی‌کشید. بـا دو انگشت سبابه و شست لب سبیلش را لمس مـی‌کرد. چشم‌های سیاهش را به ما می‌دوخت و از پشت پردهٔ نازک خواب به دیدار ما می‌آمد. انگار آدمی را از خودکشی نجات داده‌اند و چشمش را دوباره به زندگی باز کرده‌اند.

صدای پارو کشیدن پسری را می‌شنید که در جهت مخالف می‌رفت، زنی در ذهنش جیغ می‌کشید، و آیا آن زن من بودم؟ بغض کرده بود و به زندگی نیشخند می‌زد. بی‌آن‌که آرزویی در سر داشته باشد. می‌رفت که بر مقدار تریاک و مشروب خود بیفزاید، هر چند که نه تریاک، و نه مشروب، هیچ کدام توفیری با هم نداشتند، زندگی بی‌معنا شده بود و این تکرار روزمرّگی، زندگی دستمالی‌شدهٔ دم‌دستی، کاروان مسخرهٔ شب و روز که زنجیرشده از پس همدیگر می‌رفت و می‌رفت، اما هیچ وقت تمامی نداشت، گله‌های عظیم گاو و گوسفند که به مسلخ برده می‌شدند و جوی خون، یا نه، رودخانهٔ خون در خاک غرق می‌شد تا زمین جان بگیرد، همه و همه به این خاطر بود که آدمی کمی بیش‌تر عمر کند تا شاید در بقیهٔ زندگی‌اش یک گاو بیش‌تر بخورد؟

مرگ چقدر دست‌نیافتنی و دور و غریب می‌آمد.

روزهایی هم بود که دلش برای آفتاب و سایهٔ کنار خیابان تنگ می‌شد، رنگ هر چیز برازنده‌اش بود، سبزی برگ، آبی آسمان، قهوه‌ایِ قهوه. لطفاً یک قهوهٔ ترک. شیطنت هم می‌کرد. بی‌زحمت چند قطره عرق هم در آن بچکانید. ما این‌جا عرق نداریم. خوب، تهیه کنید. پول خردی گوشهٔ بشقاب گذاشت و زیرلبی گفت سگ‌خور. چند قطره؟ قطره نه، جرعه. چند جرعه؟ حالا دو سه جرعه هم شد، شد. کافه فردوسی بود یا جای دیگر، چه فرقی می‌کرد؟ به محضی که بهش سلام می‌کردم، نیم‌خیز می‌شد، کلاه شاپواش را از سر برمی‌داشت و ادای احترام می‌کرد. آن قدر می‌ایستاد تا ببیند من از جلو در بادبزنی به کدام سمت می‌روم. دست و پام را گم می‌کردم و حال خودم را نمی‌فهمیدم. بی‌آن‌که بتوانم چشم از او بردارم، تو دلم گفتم بوی قهوه‌ای کت و شلوارتان حالی به حالی‌ام می‌کند، دوخت فرنگ است؟ گمان نمی‌کنم دوخت این‌جاها باشد. یک بار دیگر

لبـخندی زد و نشست. بــاز هــم دیــر جــنبیده بــودم. بایستی آن قـدر اعتمادبه‌نفس می‌داشتم که فرصت نشستن پیدا نکند، یا نه، رخصت ندهم چشم از من بردارد.

روز بعد بازی را بردم. وقتی وارد شدم، سلام کردم و یکراست به طرف میزش رفتم. تمام‌قد از جا بلند شد، دگمهٔ کتش را بست. بوی قهوه نمی‌آمد، خاکستری پوشیده بود. زیر آن کت و شلوار تمیز و اطو خورده، یک‌گُله آتش چال کرده بود که بایستی خاکستر را پس می‌زدی تا هُرم آتش بزند بیرون. گفتم بر چشم بد لعنت و در ذهنم برایش اسپند دود کردم، کندر و گلپر هم ریختم، بوی خوشی داشت. و چه دودی!

سه مرد دور میزش نشسته بودند و هر سه نفرشان سیگار می‌کشیدند. دوباره بهش سلام کردم و دستم را در دستش گذاشتم. بی‌خیال و رها، انگار تمام وجودم را در دستش گذاشته‌ام، و حالا دلم می‌خواست بر کف دستش بخوابم. خوابیدم. او با دست دیگرش پیکرم را پوشاند و یکی دو بار به پشت دستم زد. چشم‌هاش به دودو افتاده بود، و رگ‌های منقلب شقیقه‌هاش آن هجای سرخ را تکرار می‌کرد: «سلام.»

«سلام.»

گفتم: «بعداً می‌توانم خدمت شما برسم؟» و با چشم به آن سه مرد اشاره کردم که یعنی در حضور این‌ها نمی‌شود.

گفت: «چرا نتوانید؟»

گفتم: «کِی؟»

گفت: «کِی کار شیطان است.»

خوشـم آمـد. بـا تـمام خندیدم و بـا چشـم‌هام مـی‌خواستـم بخورمش.

دستم را فشار داد و رها نکرد، و من لرزش قلبش را در دستش

می‌شنفتم. گذر زمان را گم کرده بودم و نمی‌دانستم چه کنم. به طرف پنجره رفتم، پشت میز همیشگی‌ام نشستم و وقتی برقرار می‌شدم، احساس کردم همچنان ایستاده است. با سر تشکر کردم، نشست. نیم‌خیز شد و باز نشست. استکان قهوه‌اش را به نشانهٔ تعارف به طرفم بالا گرفت و یک جرعه سر کشید. شاید هم یعنی به سلامتی شما.

ای خاک بر سر من. چرا به این روز افتاده بودم که حال خودم را نمی‌فهمیدم. ناگهان همهٔ نیروی جوانی‌ام را از دست داده بودم. نمی‌دانستم زمان به عقب برمی‌گردد یا پیش می‌رود. تنم درد می‌کرد، کوفته بودم، استخوان‌هام تیر می‌کشید و از بس دهن‌دره کرده بودم، لب‌هام داشت جر می‌خورد. سرم سنگین می‌شد و انگار که صخره‌ای بر آن گذاشته‌اند، می‌خواست بیفتد و من همهٔ تلاشم را می‌کردم که اقلاً جلو چشم‌های او مرتب و معمولی باشم. دلم می‌خواست از پله‌ها پایین بروم و خودم را از این فلاکت نجات دهم. دلم می‌خواست بفهمم که نگاهش می‌کنم، با آگاهی کامل، با حواس جمع که همهٔ ذرات و جودم او را ببینند. دلم می‌خواست، اما پیش از این‌که گارسون بیاید و سفارش بگیرد، مگر می‌شد به دستشویی رفت؟ صبر کردم. پیشانی و بالای لبم عرق کرده بود. دستمالی از کیفم بیرون آوردم و عرق صورتم را پاک کردم. گارسون کنار میزم ایستاده بود و من نمی‌خواستم بدانم چه شکلی است. می‌ترسیدم چهرهٔ او از یادم برود. گفتم قهوه. وقتی قهوه‌ام روی میز قرار گرفت، کیفم را برداشتم، از جا بلند شدم و به دستشویی رفتم. هیچ کس آنجا نبود. سرنگ را درآوردم، پر کردم و در رگ آرنجم فرو دادم. خون تازه‌ای در تنم شروع به دویدن کرد. بوی شیرینی می‌آمد. رنگ سنتی دیوار را شناختم، رنگ نخودی درِ دستشویی را شناختم و یک لحظه احساس کردم در باز

شد و مرد بلندقدی بی‌آن‌که خود را ببازد یا فرصت دهد که من خودم را ببازم گفت: «ما هم هستیم.»

«یعنی چی؟ آقا!» و از عصبانیت می‌لرزیدم. او هم می‌لرزید و رنگش را باخته بود. خواستم در را ببندم اما نتوانستم. دستش را به لبهٔ در گرفته و سرش را زیر انداخته بود. عرق از نوک بینی‌اش می‌چکید و پوست صورتش می‌لرزید. مکثی کرد و گفت: «یعنی این‌که از آن‌ها یکی هم به ما بزن.»

«این‌که چیزی نیست.»

«ببین، استخوان‌هام به سیم‌کشی افتاده. یکی هم به من بزن، کاریت ندارم، خوشگله.»

نیمهٔ سرنگ را از رگم بیرون کشیدم، به طرفش رفتم. آستین‌هاش را بالا داده و منتظر ایستاده بود. در رگ برآمده‌اش فرو دادم و مابقی مایع را یک‌ضرب خالی کردم. نفس تازه کرد و آستین پیراهنش را پایین داد.

گفت: «ممنونم.»

گفتم: «قابلی نداشت.»

در دستشویی را بستم، صورتم را در دست‌هام گرفتم و در یک لحظهٔ کوتاه فرصت کردم گریه کنم و به این احساس زیبا برسم که آن مرد کلاه‌شاپویی مؤدب، آن اخموی قلمدانی را دوست دارم. دلم براش تنگ شده بود، ولی من چرا بدبخت بودم؟ آیا من بدبخت بودم؟

دهنم خشک شده بود و هر چه از آب شیر می‌خوردم تشنگی‌ام فرو نمی‌نشست. بوی شیرینی می‌آمد. هوس کانادا کرده بودم، شاید هم منتظر پدرم بودم، مردی که ساعت پنج عصر می‌آمد. مادرم چادرش را روی خودش می‌کشید و جلو باد پنکه می‌خوابید. من انتظار می‌کشیدم، درِ خانه را باز می‌کردم و در سایهٔ طاقنمای آجری، روی پلهٔ اول می‌نشستم.

دلم می‌خواست گوشهٔ هر چهار پله یک گلدان شمعدانی بگذاریم برای قشنگی، و پدرم گفته بود که دزد می‌بَرَد. روزنامه‌نگار بود، عینک می‌زد، سبیل داشت، و پروانه‌ها بالای دیوار پرگل خانه‌های مقابل بال‌بال می‌زدند. صدای رادیو از جایی دور به گوش می‌رسید، کوچه در گرمای آخر بهار درازتر می‌شد، و من هرم رقصان آفتاب را می‌دیدم که از کف کوچه، بی‌رنگ و شیشه‌ای، بالا می‌رفت. بعد سر و کلهٔ همدم تنهایی‌ام پیدا می‌شد؛ باسی، آن پسرک موسیاه در برابرم می‌ایستاد و فقط نگاهم می‌کرد. چه می‌دانست من چه حالی دارم و از کجا آمده‌ام. لابد خیال می‌کرد پیش از این زندگی ما همدیگر را می‌شناخته‌ایم. یا من زود آمده‌ام و هنوز نرفته‌ام، شاید هم رفته‌ام و خیال من باقی است. بی‌سر و صدا در سایه می‌نشستم و درز آجرها را می‌شمردم. دلم نمی‌خواست خانه‌ای داشته باشم، اما آیا می‌توانستم همیشه روی پله‌ها بنشینم و هیچ وقت هم حسرت کانادا نداشته باشم؟ می‌خواستم آن قدر بنوشم که زبانم قاچ‌قاچ شود و اشک از چشم‌هام بیرون بزند. مادرم پرسید: «این چندمی بود؟»

من بچهٔ اول بودم، شاید هم آخر. هیچ غذایی دوست نداشتم. یک قاشق به دهنم می‌گذاشتم و لقمه را نمی‌جویدم. آن قدر آن را می‌مکیدم و به یک نقطه خیره می‌شدم که پدرم گریه می‌کرد. نه به خاطر آفتاب، نه به خاطر چیز دیگر. مادرم سرش را جلو صورت پدرم خم کرد: «پس به خاطر چی؟»

«به خاطر دست‌های کوچکش.»

همان شب موقع خواب در ایوان، وقتی که به ستاره‌ها نگاه می‌کرد گفت: «چشم‌هاش را می‌دوزد به گوشهٔ اتاق و به یک چیزی فکر می‌کند. خیلی دلم می‌خواهد بدانم بچهٔ شش ساله به چی فکر می‌کند؟ به بدبختی

من؟ او هم می‌داند که ما تباه شده‌ایم؟ یک لقمه نان را مثل زهرماری توی دهنش نگه می‌دارد و نمی‌تواند فرو بدهد...»

و من میلی به غذا نداشتم. لقمه از گلویم پایین نمی‌رفت. دلم کانادا می‌خواست که با هر لقمه یک جرعه بنوشم. از بوی پرتقالی‌اش خوشم می‌آمد، و گاه پدرم می‌خرید و من انتظار آمدنش را می‌کشیدم. حتی بعد از مرگش هم انتظار می‌کشیدم. انتظار که چیز بدی نیست، روزنهٔ امیدی است در ناامیدی مطلق. من انتظار را از خبر بد بیشتر دوست دارم.

هوا که گرم می‌شد، مادرم جلو پنکه دراز می‌کشید و من روی پله‌های آجری جلو در خانه هوس کانادا می‌کردم، حسرت می‌خوردم، لِه‌لِه می‌زدم. شاید هم انتظار پدر بدبختم را می‌کشیدم. هیچ نمی‌فهمیدم.

مادر گفت: «روزنامه‌نگار بود. گذاشتندش سینهٔ دیوار.»

جلو آینه سر و صورتم را مرتب کردم، از پله‌ها بالا رفتم و دوباره پشت میز قرار گرفتم. می‌خواستم موقعی که شکر در فنجان قهوه‌ام می‌ریزم نگاهی تند بهش بیندازم که ببینم آیا هنوز با همان اشتیاق نگاهم می‌کند؟ وقتی سر بلند کردم دیدم جایش خالی است. حساب میزش را در بشقاب گذاشته و رفته بود. از صدای آکاردئون نوازندهٔ نابینای جلو در احساس می‌کردم هوا ابری است. سر گرداندم؛ چند نفر خیره‌ام شده بودند.

نه. دیگر نمی‌خواستم.

هیچ کدام از آن چشم‌ها را نمی‌خواستم. چشم‌هایی که مثل چشم‌های گوسفند روی پیشخوان کله‌پاچه‌فروشی زل می‌زد و آدم را از زندگی سیر می‌کرد. چشم‌هایی که از معنا تهی بود، فقط مثل شیشه‌های بدلی برق می‌زد. هر کدام به رنگی مثل چراغ‌های شهر در شب که نمی‌دانی کدام سو مال کدام خانه است. کجا عشق می‌ورزند و کجا آدم می‌کشند؟ نمی‌فهمیدم چرا آن‌جا بودم. آیا از پیش می‌دانستم که او را می‌بینم؟ آیا

اصلاً او را می‌شناختم؟ فقط می‌دانم که به خاطر او و در آن‌جا بودم و دیگر هیچ نگاهی مرا به وجد نمی‌آورد. دیگر دلم نمی‌خواست کسی با نگاه تحسین‌برانگیز وراندازم کند. دلم می‌خواست فقط او، او که این همه زودرنج بود و کوچک‌ترین حرکت مرا زیر نظر داشت در دنیای خواب به سراغ من بیاید. آن هم وقتی من به دیدار شما می‌آمدم، در رؤیای شما بیاید. بیاید گوشه‌ای بنشیند، کلاه‌شاپواش را تا دم ابروهاش پایین بکشد، با دو انگشت سبابه و شست لب سبیلش را لمس کند، یا با آن‌ها وَر برود، چشم‌های سیاهش را به ما بدوزد و از پشت پرده‌های نازک خواب به تماشای ما بایستد:

زنگ خانهٔ شما را که زدم، بلافاصله در باز شد و من داخل شدم. پیش از آن‌که در را ببندم، دم پله‌ها پا کوبیدم و برف کفش‌هام را تکاندم. پاهام از سرما بی‌حس شده بود، کفش‌هام سوراخ بود و من نمی‌خواستم شما بدانید. بلوز پشمی قرمز پوشیده بودم با دامن کبود. و برای اغوای شما موهای سیاهم را بالای سرم با یک گیرهٔ قرمز جمع کرده بودم.

«سلام.»

سرم را بالا گرفتم و همان جا ایستادم که دو سه پله پایین بیایید و دستم را بگیرید. تند پله‌ها را شمردم. هفده پله بود. کیفم را گوشه‌ای گذاشتم و خودم به دیوار تکیه دادم. یعنی که اوه، چقدر خانهٔ شما پله دارد!

«من سردم است.»

رفتیم پای بخاری. یادتان هست؟ لیوان چای را کف دست‌هام می‌چرخاندم و از بخار ملایمش کیف می‌کردم فقط به این خاطر که از رنگ پرتقالی‌اش خوشم می‌آمد.

شما گفتید: «این نوشابهٔ بدمزه را می‌گویید؟»

«قدیم‌ها یادتان هست؟ خیلی خوشمزه بود. پدرم یادتان می‌آید؟»

«من که عرض کردم، شما مینیاتورید.»

«باور بفرمایید نمی‌خواهم خودنمایی کنم، در سال‌های کودکی، در آن گرمایی که همه چیز کش می‌آمد و باد پنکه آدم را مریض می‌کرد، روی پله‌های جلو خانه همیشه به این فکر بودم که همه دروغ می‌گویند، الان است که پدرم سر برسد. با دو شیشه‌ کانادا، با لبخندی که کمی کج بود و بر یک طرف صورتش می‌ماند. یک بار از من پرسید مرا بیش‌تر دوست داری یا کانادا را؟ گفتم هر دو را. باور کنید دروغ نمی‌گویم، من حسرتی کانادا هستم. شاید زیادی دلم برای پدرم تنگ است.»

«ای وای! بگذارید ببینم.» به آشپزخانه رفتید، یک لیوان پر از یخ و کانادا برایم آوردید. جلو من زانو زدید و با شوقی بی‌حد گفتید: «اجازه می‌دهید شما را ببوسم؟»

گفتم بله و شما مرا بوسیدید. پرده را کنار زدید، به دیوار بین دو پنجره تکیه دادید و رو به من ایستادید. اخم کرده بودید و لبخند می‌زدید. هر دو. یعنی که زیبایی من یک امر جدی است. خوب، من چه می‌توانستم بکنم؟ خجالت می‌کشیدم و زیر نگاه گرمتان داشتم مثل یخ آب می‌شدم. از آن گذشته، نور تندی می‌تابید، برف سر شاخه‌ها پیدا بود، و جایی از بین پارگی ابرها، آفتاب هم خودش را نشان می‌داد. چه می‌دانم، یک بوم سفید روی سه‌پایه بود. رنگ‌ها را روی میز کنار دستتان چیده بودید، و قلم‌موها را سر به هوا در یک لیوان سبز سرامیک گذاشته بودید. یک تابلو نقاشی هم از صورت من به دیوار مقابل آویخته بودید، تابلویی که از یک عکس قدیمی من ساخته شده بود. یادتان هست؟ گفتم: «این عکس را من برای دبیرستان گرفته بودم. یادتان هست؟ ژاندارک درس می‌خواندم. روپوش سرمه‌ای می‌پوشیدم، با یقه‌ٔ سفید توری، و پاپیون ارغوانی‌ رنگ که از پشت به موهام می‌زدم، چه روزهایی! خانهٔ ما در خیابان کاشف‌السلطنه

بود. آدمی که رفته بود هندوستان نمی‌دانم برای چی، یک قلمه نشای چای در عصای توخالی‌اش گذاشته و به ایران آورده بود. چه خیابانی داشت، مدور و منحصر به فرد. هیچ خیابانی در تهران مدور نیست. هست؟»

آیا قرار بود شما ساکت بایستید و به من نگاه کنید؟ من چه می‌دانستم. هی حرف می‌زدم و برای شکستن سکوت می‌گفتم اما حالا هیچ نمی‌فهمم که چقدر پیر شده‌ام. من چند سالم است؟ چقدر با گذشته‌ها فرق کرده‌ام؟ خسته شده‌ام، می‌دانید، انگار هزار سال عمر کرده‌ام و حوصله‌ام از خودم سر رفته است. در راه که می‌آمدم زنی جلوم را گرفت و گفت موهات را بپوشان. گفتم من که نیستم. خواستم به روزگاری دیگر برگردم اما نمی‌توانستم شما را در انتظار بگذارم.

شما گفتید: «حالا روسری‌ات را بردار. آن‌جا بنشین تا من کارم را شروع کنم.»

روی صندلی مقابل نشستم و پاهام را روی هم انداختم؛ با لب‌های غنچه شده که مثلاً دارم سوت می‌زنم خیرهٔ یک گوشهٔ اتاق در ذهن شما ثبت شدم. گاهی یک جرعه از آن نوشابهٔ خوشمزه می‌نوشیدم و با دست چپ به گوشوارهٔ سمت راستم ور می‌رفتم. همان گوشواره‌ای که سال‌ها بعد در تابلو نقاشیتان به گوشم آویختید. شاید هم رشته‌ای از موهام را می‌گرفتم و در هوا امتداد می‌دادم تا به آخر برسد و باز از نو. یادم نیست.

بلوز پشمی قرمز پوشیده بودم با دامن کبود و کفش‌های مشکی، اما شما مطمئن بودید که پیراهن بلند سیاهی به تن دارم که وقتی می‌نشینم و پاهام را روی هم می‌اندازم، زانوهای سفیدم را می‌بینید، کتابی هم روی پاهام باز است و پنجهام را بالای صفحه نشانه گذاشته‌ام. رنگ لباس‌ها، نوع نشستن و این چیزها مهم نبود. حتی می‌شد انگشتری صلیبی قشنگی

که شما سال‌ها بعد در تابلو نقاشی به انگشتم کردید نگین سبز داشته باشد.

پا شدم، روبروی تابلو ایستادم و به تصویر خودم نگاه کردم. عجیب بود که تا آن روز نمی‌دانستم عینک، خطوط سیاه چشم‌هام را برجسته‌تر می‌کند. چرا تا آن وقت به صرافتش نیفتاده بودم که یک عینک برای خودم تهیه کنم؟ روی گونهٔ راستم یک خال سیاه کوچک خودنمایی می‌کرد. جلو آینه ایستادم. انگشتم را به زبانم زدم و روی خال کشیدم. پاک شد. سرتان را جلو آوردید و پرسیدید: «این‌جای صورتتان یک خال نبود؟ مثل این که بود.»

گفتم: «آره، می‌دانید؟ یک لنگه از گوشواره‌هام گم شده.»

موهام از آن طرف صورتم سرازیر شده بود و لب‌های سرخم خیس خیس بود.

«و این منم؟»

در تابلو بعدی نیم‌برهنه روی تخت دراز کشیدم، پاهام را جمع کردم. دست‌هام روی ملافهٔ سفید رها شده بود. شما دست راستم را در امتداد بدنم دراز کردید، و دست چپم را گذاشتید که از ساعد، لب تخت آویزان باشد. نمی‌دانم کشیدید یا نه. احتلام، احتلام، احتلام. سرم را برگرداندم و از پنجرهٔ کنار تخت به کلاغ‌های سر شاخهٔ درخت نگاه کردم که هنوز رنگشان عوض نشده بود. به زمستانی برمی‌گشتند که صاحبخانهٔ ما می‌خواست خانه را بکوبد و سه طبقه بسازد. مادرم آن قدر مریض بود که انگار پوستی به استخوان‌هاش چسبانده‌اند تا فقط لرز کند. مرض لرز گرفته بود. من به خانهٔ صاحبخانه‌مان رفته بودم که بگویم تا بهار صبر کند و خانه را خراب نکند، اما او پاهاش را در یک کفش کرده بود که چاره‌ای نیست. یاد بلدرچین و برزگر افتادم. آن روزها در مدرسهٔ ژاندارک درس

می‌خواندم. روپوش سرمه‌ای می‌پوشیدم که یقهٔ سفید توری داشت، با روبان ارغوانی‌رنگ پاپیونی برای پشت موهام درست کرده بودم. دستی هم بگویی نگویی دور و بر چشم‌ها برده بودم. در عکاسخانهٔ تهامی شش قطعه عکس شش در چهار برای مدرسه انداختم تا یکیش روی گواهینامهٔ پایان تحصیلات دورهٔ متوسطه‌ام الصاق شود و بقیه بماند در پرونده. سر راه به خانهٔ صاحبخانه‌مان رفتم که بگویم تا بهار صبر کند و خانه را خراب نکند.

گفت: «پس سرمایه‌گذاری ما چه می‌شود؟»

اتاقش بوی نعناداغ می‌داد. شاید هم مال ماندگی سیگارش بود. نمی‌فهمیدم. گفتم: «یک سال که هزار سال نمی‌شود.»

گفت: «خوب، این هم حرفی.» لبخندی زد و چشم‌هاش درخشید، با چین‌های دور چانه و گونه‌ها.

گفتم: «باور بفرمایید حال مامانم اصلاً خوب نیست. ما...»

گفت: «حالاکه این همه راه آمده‌ای، بنشین.»

گفتم: «دیرم می‌شود. خیلی هم دیرم می‌شود.» و جلو در اتاقش صاف و سیخ ایستادم. بعد از درنگی طولانی ناگاه به چشم‌هام خیره شد و باز لبخند زد. من در ذهنم یاد صدای خندهٔ موحش و ترسناک پیرمردی افتادم که روزگاری، جایی شنیده بودم. کجا شنیده بودم؟ رعشه به اندامم افتاد و بی‌اختیار دو دستم را به گوش‌هام بردم و سرم راگرفتم. کتاب‌ها از بغلم به زمین ریخت و من سرخ شدم. آن وقت او از پشت میزش پا شد، به طرف من آمد، و کنارم روی زمین سرپا نشست. پیرمرد چاقی بود که صدای نفس کشیدن و هن و هنش را به وضوح می‌شنیدم. گفتم: «ممنونم آقا، خودم جمع می‌کنم.»

گفت: «چند سالت است، دخترجان؟» و موهام را نوازش کرد. چندشم

شد، زیرچشمی نگاهش کردم. دلم از سینه می‌خواست بیرون بیفتد. آخرین کتاب را که برداشتم، دستم را گرفت و باز با لبخندی بی‌معنی گفت، «خوب، این هم حرفی.»

من تند بلند شدم و خواستم از اتاق بیرون بزنم که متوجه شدم هنوز دستم را رها نکرده است. گفتم: «همین روزها خانه را تخلیه می‌کنیم. همین روزها خانه را تخلیه می‌کنیم. همین روزها خانه را تخلیه می‌کنیم.»

«اجباری در کار نیست، حالا می‌توانید بمانید، ما هم فکری به حال خودمان می‌کنیم.»

نتوانستم جلو خوشحالی‌ام را بگیرم. روی پاشنهٔ یک پا چرخیدم و خندیدم.

گفت: «البته تا یک ماه.» و بعد تند مرا به طرف خودش کشید و صورتم را بوسید. همان وقت به سال‌ها بعد فکر کردم که شما هم برای من کانادا آوردید و صورتم را بوسیدید. یادتان هست؟

یادم هست که تا چشم به هم زدیم یک ماه گذشت و من باز به سراغ صاحبخانه‌مان رفتم. گفت که دیگر امکان ندارد، می‌خواهد سه‌طبقه بسازد. سیگار هم می‌کشید. من مستأصل بودم، خیال می‌کردم اگر آن‌جا را تخلیه کنیم ناچاریم برویم گوشهٔ خیابان. مادرم می‌لرزید و لاغر می‌شد. برف همه جا را سفید کرده بود و سرما بیداد می‌کرد. گفتم: «پس ما چه کار کنیم؟»

گفت: «البته تا یک ماه دیگر مهلت را تمدید می‌کنم.» و تند مرا به طرف خود کشید و صورتم را بوسید. یک ماه مثل برق می‌گذشت اما آن یک ساعت که جلو اتاقش می‌ایستادم و این‌پا و آن‌پا می‌کردم برای من سال‌ها طول می‌کشید. پاکت پول را روی میزش می‌گذاشتم و می‌گفتم: «اجازه می‌دهید ما بمانیم؟»

حرف می‌زد، حرف می‌زد، حرف می‌زد، از خودش می‌گفت، از من می‌پرسید، از این‌که چه کسی موهام را بافته است، چه موهای سیاه پُریشتی دارم، چه قدی! نسبت به همسن و سال‌های خودم قدبلندتر و کشیده‌ترم. پیراهن مشکی خیلی برازنده‌ام است، سالارم می‌کند، مشکی رنگ سالاری است. البته روپوش سرمه‌ای مدرسه...

زمان کش می‌آمد و من به یاد گذشته‌هام، تمام تاریخ را مرور می‌کردم، تشنه‌ام می‌شد، یاد پدرم می‌افتادم و باز به آن‌جا برمی‌گشتم که جلو در اتاقش سیخ و صاف بایستم و به حرف‌هاش گوش کنم. حتی فرصت داشتم به سال‌های بعد فکر کنم، و او همچنان حرف می‌زد. آن قدر که احساس می‌کردم یک ماه گذشته است و من مثل یک خیال در ماه دیگری هستم.

سر ماه، پیش از این‌که آدم بفرستد در خانه‌مان، خودم به آن‌جا می‌رفتم و می‌گذاشتم که مرا ببوسد. و این تکرار و تکرار تا یک سال ادامه داشت. اما از نفس کشیدن و هن و هنش بیزار بودم، از بوی تند سیگارش بدم می‌آمد، از خودم بدم می‌آمد، از او بدم می‌آمد و نمی‌دانم چرا وضعیت تغییر نمی‌کرد.

یک روز صاحبخانه‌مان گفت: «این‌جور که نمی‌شود، وضعیت باید تغییر کند.»

برف می‌بارید و ما برای نان شبمان محتاج بودیم، بی‌آن‌که بتوانیم گدایی کنیم. حقوق معلمی مادرم حتی زمانی که سر کار می‌رفت کفاف نمی‌داد. صاحبخانه‌مان سر تا پام را ورانداز کرد و گفت: «ماشاالله هزار ماشاالله برای خودت چیزی شده‌ای، هان. با این‌که دلم نمی‌خواهد خانه را خراب کنم اما چاره‌ای نیست.»

دامنم را بالا زدم. همان‌طور که روی کاناپه دراز کشیده بودم به

دانه‌های درشت برف نگاه کردم که از پشت پنجره در لایه‌هایی از دود و بخار محو می‌شد. سرما بیداد می‌کرد و آسمان برفی بر زمین می‌گذاشت که هیچ دانه‌ای در دل زمین زنده نماند، ریشه‌ها بخشکند و سفیدی بی‌کرانی تمام نقطه‌ها را بپوشاند.

بعد که لباس پوشیدم دیدم شب است و من در اتاق شما ایستاده‌ام. چراغ‌ها را روشن کردم، عده‌ای آدم آنجا دیدم. عده‌ای آدم که نمی‌شناختمشان. از کجا آمده بودند؟ آیا تمام آن صحنه را دیده بودند؟ چه تصوری از من داشتند، آیا من یک زن بدکاره بودم؟ و آیا موهام خیلی آشفته بود؟ خودم را در آینه مرتب کردم، دگمه‌هام را بستم و جلو آمدم. پیرمردی سرفه می‌کرد اما هیچ صدایی ازش درنمی‌آمد. یک پسر جوان سر تا پای مرا ورانداز می‌کرد و چشم از من برنمی‌داشت. گُر گرفته بودم و انگار صورتم شعله می‌کشید. گفتم: «پسرجان! چند سالت است؟»

گفت: «چهارده سال تمام.»

پیرزن شسته‌رُفته‌ای روی یک مبل نشسته بود که می‌گفتند عمهٔ پدر من است. اما من در خواب شما هم می‌دانستم که پدر من عمه‌ای نداشت. به هر حال او عمهٔ پدر من بود. زیر لب چیزی می‌گفت که نمی‌فهمیدم، یا شاید وِرد می‌خواند. جلو رفتم و گفتم: «عمه‌جان، دعا می‌خوانید؟»

گفت: «نه عمه‌جان. من از صبح تا شب می‌گویم دینبَله دینبو، دینبَله دینبو، تو هم اگر خواستی بگو.»

گفتم: «دینبَله دینبو.»

گفت: «باز هم بگو. صبح که از خواب بیدار شدی تا شب بگو. عیبی که ندارد.»

شما از خنده ریسه رفتید و از خواب پریدید. اما او هیچ تکانی نخورد و من صدای خندهٔ مضحک و ترسناک قوزی را شنیدم. سرم را در

دست‌هام گرفتم و از درد مچاله شدم. آیا خواب می‌دیدم؟ آیا اصلاً بودم؟ یک لحظه فکر کردم که من اصلاً وجود ندارم و خیال من از روی کنجکاوی در جایی پرسه می‌زند، به اشیاء دست می‌مالد، آدم‌ها را وارانداز می‌کند، اما نیست و خیال می‌کند که هست. دست به صورتم مالیدم. ملافه‌ها را لمس کردم و حتی جنس پارچه‌اش را شناختم. قمیس بود. و مردی که زندگی مرا زهرآلود کرده بود، نه، جسدی که دار و ندارش را در قمار باخته بود، در برابر من آرام خفته بود. فکر کردم که او مرده و برای شکار من از این دام را گسترده است. سرم را روی قلبش گذاشتم و سعی کردم ضربانش را بشمارم. ولی هیچ تپشی نداشت. انگار هزار سال پیش مرده بود و مرا آورده بودند که فکری به حال جسدش بکنم. از همان آزمایش‌های معمول که آدمی که با جسد معشوق چه می‌کند؟ آیا آن را می‌خورد، آیا آن را نگه می‌دارد، یا به خاک می‌سپارد؟ راه‌های دیگر هم شاید بوده است. چه می‌دانم. اما من که الههٔ نگاهبان مرده‌ها نبودم. من آمده بودم مردها را اغوا کنم و انگشت حیرتشان را زیر دندان‌های گرسنه‌شان بجوم. می‌خواستم اگر شد بقیهٔ انگشت‌هاشان را هم به خوردشان دهم و نمی‌توانستم.

نمی‌دانم چه ساعتی از شب بود. اصلاً من کجا بودم؟ نشسته در کنار جسدی که ساعتی پیش یا دقایقی پیش انگار شاق‌ترین کار دنیا را انجام داده بود و از خستگی بی‌هوش شده بود یا آدمی که سنگین‌ترین بار را بر دوش کشیده بود. چرا ناگهان صورتش تکید و آن چشم‌های براق سیاه مثل دو شمع در جوار باد خاموش شد؟ چرا آنجا بودم؟ آیا به همین خاطر که تیر خلاص را بر پیشانی مصلوب یا مغلوبی خالی کنم و مثل پروانه‌ای خشک به دیوار بدوزمش، کسی را که حتی نمی‌دانم نامش چیست؟ آیا کسی باور می‌کند؟

از لای لب‌های نیمه‌بازش، نوک دندان‌هاش پیدا بود. انگار آن سرمای موحش از همان جا متصاعد می‌شد و لرزه به استخوان‌هام می‌انداخت. صدای توأمان جیغ کشیدن و خندیدن خودم را در سال‌هایی دیگر می‌شنیدم که نمی‌دانستم مال سال‌های قبل است یا بعد. صدای گریه و مویه زن‌هایی را می‌شنیدم که در تالاری با ستون‌های سنگی عظیم و گنبدهای بلند می‌پیچید. و این صداها مو بر تنم راست می‌کرد. دلم پرپر می‌زد، بغض گلویم را گرفته بود و از سرگردانی خودم به وحشت افتاده بودم. مرده‌ای روی دستم مانده بود که حاصل یک تصادف بود اما نمی‌توانستم در هیچ دادگاهی ثابت کنم که من کسی را نکشته‌ام. چرا قفسهٔ سینه‌ام نمی‌شکافت و قلبم بیرون نمی‌پرید که آسوده‌ام کند؟ نگاهی به دندان‌ها، صورت لاغر، آن چشم‌های مورب بسته و ابروان آرام انداختم و از وحشت جیغ کشیدم اما هیچ صدایی ازم بیرون نیامد. صدا در تالارهای جمجمه‌ام پیچید، چرخ خورد، و انعکاسش در مغزم لایه‌لایه منجمد شد و ماند. سرم بزرگ‌تر از بدنم شده بود و من دیگر توان کشیدن آن بار سنگین را نداشتم. صداهایی می‌شنیدم که هیچ کدام آن‌ها را نمی‌شناختم؛ صداهایی که مثل موج می‌آمد و یکباره فرو می‌نشست. چند نفر همزمان حرف می‌زدند و نمی‌شد فهمید که چه می‌گویند. انگشت سبابهٔ دست راستم را تا دم صورت بالا آوردم، گفتم: «هیس! ساکت باش.»

روی صورتش خم شدم که ببینم کدام صدا مال اوست. سرگردان و گیج به اطراف نگاه کردم، گفتم: «هیس! صبر کن.» و گوش خواباندم. نه. صدا از او نبود. در تالارهای جمجمه‌ام عده‌ای راه می‌رفتند، می‌دویدند و بی‌تاب بودند. عده‌ای که از مرگ و زندگی فقط دویدن و جیغ کشیدن را به ارث برده بودند. با دست مرا به همدیگر نشان می‌دادند و من آن‌ها را به وضوح می‌دیدم، اما هیچ کس در آن اتاق نبود. روبروی من مرده‌ای روی

تخت در حال تجزیه شدن بود که نمی‌دانستم چه کارش باید بکنم. چرا کسی نبود که دردم را به او بگویم؟ خدایا، چرا مرا واگذاشتی؟ نمی‌دانم آیا شما هم تا به حال به این روز افتاده‌اید که جسد معشوق روی دستان مانده باشد؟ گریه امانم را بریده بود. بغض راه نفسم را می‌بست و اشک همین جور می‌آمد. من هرگز قتل نکرده بودم اما مردی که دوستش داشتم و در آرزوی دیدارش می‌سوختم، در آغوش من مرده بود. به دست‌های لرزانم نگاه کردم. آیا آثاری از قتل در آن وجود داشت که من خبر نداشتم؟

برخاستم و عقب‌عقب تا کنار قلمدان‌ها و رنگ‌ها رفتم. نقاشی‌ها نیمه‌کاره بود و هنوز چیزی در کار نبود که بتوانم پا به درون آن بگذارم؛ نه پیرمرد قوزی، نه درخت سرو، و نه جوی آب. دور اتاق راه افتادم اما هیچ چیز مأنوسی وجود نداشت. دوباره چشمم به مرده افتاد و مو بر تنم راست شد. به سرعت خودم را به دالان رساندم و با حرکتی خارق‌العاده در خانه را باز کردم. می‌خواستم همهٔ وحشتم را یکباره جیغ بکشم. کورسوی خانه‌هایی در دوردست نظرم را جلب می‌کرد. مه بسیار رقیقی در هوا کش و قوس می‌آمد و هوا پاک و خنک بود. روی پلهٔ اول ایستادم و ناگاه چشمم به درشکه‌ای افتاد که درست جلو خانه ایستاده بود و از بینی اسب‌ها بخار برمی‌خاست. انگار نفس می‌کشیدند که هوا را مه‌آلود کنند. و یک پیرمرد قوزی روی زمین نشسته بود، تکیه داده به چرخ گاری، یک پاش را دراز کرده و پای دیگرش را ستون آرنجش کرده بود که بتواند کله‌اش را بر آن بگذارد. تا مرا دید از جا بلند شد، خاک لباسش را تکاند و تعظیم کرد. گفت: «زیاد وقت ندارید هان. قطار تا یک ساعت دیگر که راه می‌افتد، که خدای ناخواسته جا می‌مانید. اگر که از سفر منصرف که نشده‌اید بجنبید، هان. من شما را تا ایستگاه می‌برم.»

خواستم بگویم من مسافر نیستم، اشتباهی آمده‌اید، و اصلاً نمی‌فهمم

شما کی هستید و اینجا چه می‌کنید. اما او به من فرصت نداد که حرفی بزنم. گفت: «کارتان را که تمام کرده‌اید؟ اگر که تمام نشده من در خدمت حاضرم. شما که اصلاً زحمت نکشید. چمدان را بگذارید همین دم، که بقیه‌اش با من. خودم می‌آورمش که توی قطار. فقط یادتان باشد که وقت ندارید، هان.»

همراه مه گاهی بوی سوختگی غلیظی می‌آمد که دماغم را پر می‌کرد، بویی که حالم را به‌هم می‌زد. بوی گوشت و چربی سوخته بود؟ مثل این‌که در آن نزدیکی قورمه می‌پختند. و من یادم می‌آمد که جایی در سال‌هایی بسیار دور، کی بود؟ کجا بود؟ هیچ یادم نیست، فقط یادم هست که گوسفند لاغر و بیماری را سر می‌بریدند و برای این‌که در آن هوای گرم و وامانده نگندد، تکه‌تکه‌اش می‌کردند و می‌پختند و در کماجدان‌های مسی جا می‌کردند. بوی قورمه، بوی گوشت و چربی سوخته می‌آمد. و حالا می‌آمد. دو سه بار نفس عمیق کشیدم و به اطراف نگاه کردم. پیرمرد قوزی خندهٔ خشکی کرد که مو به تنم راست شد. دندان‌هام را به هم گذاشتم و به خودم فشار آوردم که صداش را نشنوم یا بتوانم تحمل کنم. اما یکباره صدای خنده‌اش برید. گفت: «از بوی گوشت خوشتان که نمی‌آید؟ می‌دانید که این نزدیکی‌ها، نزدیکی‌ها که نه، که درست زیر آن کوه یک جایی هست که آدم می‌پزند.»

مورمورم شد و چیزی در مغزم ترکید. قوزی گفت: «البته بیخود و بی‌جهت که این کار را نمی‌کنند هان. با چربی آدم صابون درست می‌کنند. چه صابونی! همین که به دست و صورت می‌زنید کف می‌کند که مثل چی؟ انگاری که پوست انداخته‌اید، هان. اتفاقاً که من یکی از این صابون‌ها دارم. می‌خواهید که بدهم دست و صورتتان را بشورید؟»

دست در جیب کتش کرد و یک قدم جلو آمد. من چهارچوب در را

گرفته بودم که نیفتم و حواسم بود که درِ خانه را آماده نگه دارم تا اگر اتفاقی افتاد آن را محکم ببندم و پشت به در بایستم و نفس‌نفس بزنم. اما او جلوتر نیامد. همان جا که ایستاده بود، از جیب جلیقه‌اش ساعت زنجیردارش را بیرون آورد، درش را باز کرد و گفت: «معطل چی هستید، هان؟ من هر روز مرده‌ها را می‌برم شاه‌عبدالعظیم یا ایستگاه قطار. بی‌خود و که بی‌جهت از من می‌ترسید هان. اگر هم که کمک می‌خواهید من در خدمت حاضرم، هان.»

یک قدم دیگر جلو آمد. من از وحشت می‌خواستم جیغ بزنم. جلو خودم را گرفتم و تقریباً داد زدم: «نه.» تند درِ خانه را بستم و به اتاق پناه بردم. تا چشمم به جسد افتاد جیغ کشیدم و از تعجب خشک شدم. مگر می‌شود که مرده‌ای که کت و شلوار تنش کند، کراوات بزند، با آن کلاه شاپو و کفش، حالت مردی را داشته باشد که دو سه دقیقه دراز کشیده تا بیایند دنبالش و او را به مهمانی ببرند؟ یک چمدان بزرگ هم پایین تخت بود. انگار کسی همین لحظه آن را آورده بود و آنجا گذاشته بود. مگر می‌شود؟

این چیزها در بیداری اتفاق نمی‌افتد، یا اگر بیفتد، در و تخته‌اش به هم جور نمی‌آید. فقط در خواب سلسله وقایعی با نظمی ناشناخته آدم را اسیر خود می‌سازد و از دنیای بیداری دور می‌کند. اما من که خواب نبودم، همهٔ وقایع در بیداری بر من می‌گذشت. به باتلاقی افتاده بودم که نمی‌بایست دست و پا می‌زدم. باتلاقی که هر چه تقلا می‌کردم بیش‌تر فرو می‌رفتم. اسیر در گردابی تند که می‌بایست خودم را تسلیم می‌کردم، و پیش از این‌که درد بکشم بایستی در خودم مچاله می‌شدم تا در گرداب بچرخم. اسیر در این چرخهٔ تقدیر به فکر افتادم که باید جسد را از میان بردارم تا ببینم چه می‌شود. به پستوی اتاق رفتم. یک کارد بزرگ

دسته شاخی روی طاقچه بود، آن را برداشتم و به اتاق برگشتم. لب تخت نشستم و برای آخرین بار به چهره‌اش خیره شدم؛ زیر چشم‌هاش کاملاً گود افتاده بود ولی پلک‌های موربش با مژه‌هایی بلند و سیاه همچنان مثل قبل بود که اگر آن را می‌گشود دو چشم سیاه براق به آدم زل می‌زد، و بی‌آن‌که حرفی بزند مؤاخذه می‌کرد که من همیشه دست و پام را گم می‌کردم و سرم را زیر می‌انداختم. موهاش حسابی شانه خورده بود و کلاه شاپو تا دم پیشانی‌اش پایین آمده بود.

دیگر نمی‌توانستم.

کراواتش را باز کردم، کتش را از تنش درآوردم، دگمه‌های پیراهنش را یکی یکی باز کردم، اما سگک کمربندش باز نمی‌شد، با کارد کمربند را بریدم و شلوارش را از پاهاش بیرون کشیدم. حتی جوراب‌هاش را کندم. اما نتوانستم یا نخواستم تُنکه‌اش را دربیاورم. بعد آرام و آهسته انگار که آدم بخواهد گوشت قربانی قسمت کند، کارد را بر گلویش گذاشتم و سرش را از تنش جدا کردم. چند قطره خون دَلَمه شدهٔ به‌هم پیوسته روی ملافه ریخت. دست‌هاش را از کتف جدا کردم، بعد پاهاش را سه تکه کردم و همهٔ اجزای بدنش را تکه‌تکه در چمدان جا دادم. چقدر لاغر و نحیف بود؛ یک مشت استخوان. ملافهٔ خونی را مچاله کردم و در چمدان روی جسد گذاشتم. درش را بستم، آن را قفل کردم و کلیدش را گذاشتم بین پستان‌هام. کمی روی صندلی نشستم و عرق پیشانی و صورتم را با سرآستین پیراهنم پاک کردم و پاشدم که راه بیفتم. اما لباس‌های درهم ریختهٔ روی تخت منظرهٔ ناخوشایندی داشت. لباس‌ها را یکی‌یکی به چوب‌رختی زدم، خط اتوی شلوار را روی هم انداختم، دگمهٔ پیراهن و کت را بستم، کراوات را روی آن انداختم و آن را به میخ بزرگی که به دیوار بالای تخت بود آویختم. کلاه را هم گذاشتم گَل میخ. قدری نگاهش کردم؛

یک آقای تمام‌عیار سرش را زیر انداخته بود و کتاب می‌خواند، همان طور که سال‌ها بعد در خیالم او را در کافه فردوسی دیده بودم. حتی سر بلند نکرد که نگاهی به من بیندازد. چقدر شبیه شما بود؟ من روی یک میز می‌نشستم و قهوه سفارش می‌دادم، او روی میز مقابل با نوک انگشت‌ها با سبیلش ور‌می‌رفت و مراقب همه چیز بود. مثل کارآگاهی هوشیار و دقیق بود، بی‌آن‌که کسی بداند کیست و حرفش چیست. یادتان هست؟ در تمام مدتی که به هم زل می‌زدیم و خیرهٔ یکدیگر می‌شدیم، آیا هیچ وقت به صرافت افتاده بود که با من حرف بزند؟ مثلاً بیاید سر میز من بنشیند و یک چیزی از من بپرسد؟ یا با اشارهٔ انگشت مرا به میز خود دعوت کند و بخواهد بداند که من کی‌ام و چند سالم است؟ آیا اصلاً هستم؟ جرئت نمی‌کرد یا شاید پیش نیامده بود؟ نکند از من خوشش نمی‌آمد؟ پس چرا این جور نگاهم می‌کرد؟ آخ که از دست شما.

یک بار از کنار میزش گذشتم و گفتم: «سلام.» و او مثل همیشه کلاه از سر برداشت و نیم‌خیز شد. بی‌آن‌که حتی بگوید سلام. تند خودم را به میز خودم رساندم و با این‌که نسبتاً حالم خوب بود، دوا و سرنگ را از کیف برداشتم، در کش دامنم گذاشتم و پیش از آن‌که سفارش قهوه بدهم، از پله‌ها پایین دویدم، خودم را توی دستشویی انداختم، سرنگ را پر کردم و در رگم فرو دادم. خدا لعنتش کند.

سر بلند کردم و به چهرهٔ خودم در آینه چشم دوختم. چرا پیر نمی‌شدم، چرا صورتم چروک نمی‌خورد و موهام سفید نمی‌شد؟ من چند سالم بود؟ شما یادتان هست؟ اسب‌ها شیهه می‌کشیدند و من بایستی می‌رفتم. چمدان را برداشتم، احساس کردم خیلی سنگین است. آدمی که توی بغل من مثل گنجشک باران‌خورده‌ای می‌لرزید و مثل پرِ کاه سبک می‌نمود حالا آن قدر سنگین شده بود که فکر نمی‌کردم بتوانم به راحتی

حمله‌اش کنم. خواستم از پیرمرد قوزی کمک بگیرم اما ترسیدم یک وقت بیاید و راه و چاه خانه را یاد بگیرد و بویی ببرد. شاید هم به این خاطر که غریبه بود دلم نمی‌خواست بیاید تو. به هر زحمتی بود چمدان را به پشت در رساندم، در را باز کردم و پیش از آن‌که حرفی بزنم دیدم که پیرمرد به طرفم آمد. چمدان را تا روی پلهٔ اول جلو راندم و در را بستم. ناگهان احساس کردم کلید خانه را ندارم. یادم رفته بود آن را از جیب کت او بردارم. گفتم آخ. و انگشتم را به دندان‌هام گرفتم.

قوزی گفت: «اصلاً به‌ش فکر نکنید هان. طوری که نیست که. من کلید خانه را دارم. این‌هاش.» دست در جیب کتش کرد و آن را به من داد؛ آویخته به زنجیری زنگ زده.

چمدان را برداشت و به سرعت به کالسکه رساند و با یک حرکت آن را درون کالسکه جا داد. مانده بودم حیران که این قوزی استخوانی نیرویش را از کجا آورده است. انگار ذخیره داشت و همین جور که کار می‌کرد اطراف را هم می‌پایید. سعی کردم بر خودم مسلط شوم و به اطراف نظری بیندازم. هوا هنوز مه‌آلود بود و بارانی در راه داشت. دگمه‌های مانتوام را که سال‌ها بعد در خواب شما پوشیده بودم بستم، روسری ماشی‌رنگی که شما بعدها در یکی از تابلوهاتان به سر من کرده بودید، زیر گردنم گره زدم و سوار کالسکه شدم.

شلاق به صدا درآمد و اسب‌ها از جا جهیدند. کالسکه مثل ننوی بچه تکان‌تکان می‌خورد و چرخ‌ها قیژقیژ می‌کردند. مثل این‌که یکی از چرخ‌ها تاب داشت و در هر گردش یک بار مرا می‌تکاند. خودم را رها کردم و به تقدیر سپردم که در هر گردش یک بار مرا بتکاند. این اصلاً مهم نبود. مهم این بود که آیا می‌رفتم زیر سنگینی جنازهٔ او نابود شوم یا سرنوشت مرا به جایی می‌برد که بتوانم این غم را از روی دلم بردارم؟ جاده خاکی و

ناهموار بود. اما به هر جان کندنی بود از کنار کوه و دشت و رودخانه می‌گذشت. صدای خروس‌ها می‌آمد که نشانهٔ صبح بود اما من حسش نمی‌کردم. شـاید هـم خروس‌های بی‌محل آخر شب بـودند. گاهی کورسویی از جای دوری می‌زد و محو می‌شد، و گاه پرنده‌ای با صدای غریبی می‌خواند و دلم را می‌لرزاند. بعد کالسکه به خیابان صاف و همواری افتاد. مطمئن شدم که چرخ سمت چپ تاب دارد.

تک و توک عابری با کلاه یا بی‌کلاه می‌گذشت. یک فوج سرباز در جهت مخالف ما سـه قدم بـرمی‌داشتند و قدم چهارم را شـررق بـر سنگفرش می‌کوبیدند. صدای هماهنگ رژهٔ سربازها ته دلم را به لرزه می‌انداخت. مه خیلی رقیقی در هوا موج می‌خورد و باران هم ریز ریز شروع به باریدن کرده بود.

کـالسکه گـوشهٔ یک مـیدان مستطیل زیر تیر چـراغ‌برق ایستاد. کالسکه‌چی گفت: «این‌جا ایستگاه راه‌آهن است. این هم که بلیت شماست. اگر که دیر بجنبید جا می‌مانید هان. آن وقت این چمدان که روی دستمان می‌ماند.»

پیاده شدم. کالسکه‌چی تندی پایین جست و چمدان را برداشت و جلو افتاد. من هم به دنبالش. از سالن بسیار بزرگی که موزاییک‌های بزرگ چهارگوش داشت گذشتیم و به درهای بادبزنی بلندی رسیدیم که هی باز و بسته می‌شد. کسی می‌آمد یا کسی می‌رفت. زنی به سرعت به طرفم آمد و گفت: «خواهر، خودت را بپوشان.»

گفتم: «من؟»

گفت: «آره، تو.»

گفتم: «من که نیستم.» و روسری ماشی‌رنگ را کمی جلو کشیدم، اما شما نمی‌خواستید. با نوک قلم طره‌ها را روی پیشانی‌ام رها کردید.

قوزی آن در بزرگ را با اشارهٔ دست هل داد و با سر اشاره کرد که همراهش بروم. پلکان بی‌انتهایی جلو رویم بود که باید سرازیر می‌شدیم. من تو دلم شمردم. هزار پله بود. وقتی آخرین پله را می‌شمردم قوزی گفت: «شما اشتباه کردید. نهصد و نود و نه تاست.»

خواستم برگردم دوباره آن را بشمارم. نمی‌دانم چرا این‌قدر برایم اهمیت پیدا کرده بود. ولی ترجیح دادم دنبال قوزی بروم و گمش نکنم. ترسم از این بود که چمدان را گم کنم. نمی‌دانم چرا احساس می‌کردم همهٔ دارایی‌ام در این چمدان است. صدای سوت قطار پیچید. هوا سرد بود. چند گدا در گوشه و کنار کز کرده بودند و مثل جوکیان هندی در خود فرو رفته بودند؛ شالمه بر سر، عبایی بر دوش و دستی که بیرون مانده بود. نزدیک قطار که رسیدیم جمعیت بیش‌تر شد. تا آن وقت آن همه آدم ندیده بودم. آدم‌هایی که بیش‌ترشان گدا بودند و به نظر می‌آمد که زیر لب ورد می‌خوانند. وردی جادویی که اگر پولی بهشان ندهی سنگ می‌شوی یا سوسک می‌شوی یا کور می‌شوی. بعد دانستم که همه یکصدا چیزی می‌خواندند که مرا بدرقه کنند، اما جز صدای درهم و برهم آدم‌ها و چرخ‌ها، و یکنواختی یک ایستگاه شلوغ صدای دیگری نمی‌آمد. من در حالی که چشم به چمدان داشتم از لابلای جمعیت می‌گذشتم. قوزی از پله‌های قطار بالا رفت و یک لحظه برگشت. با انگشت به من اشاره کرد و با حالت مسخره‌ای چشمک زد که به دنبالش بروم. روسری را محکم گره زدم و بالا رفتم. از چند راهرو گذشتیم تا به کوپهٔ شمارهٔ بیست و چهار رسیدیم. قوزی چمدان را بالای صندلی‌ام جا داد. عرق پیشانی‌اش را با سرآستینش پاک کرد، و با لبخندی بی‌معنی گفت خداحافظ.

دست در جیب پیراهنم کردم. دو قران و یک عباسی بیش‌تر نبود، آن را

به طرف قوزی دراز کردم. خودش را پس کشید و گفت: «قابلی ندارد هان. باشد بعدها که با هم حساب می‌کنیم.»

گفتم: «ممکن است من دیگر شما را نبینم.»

گفت: «اختیار دارید. چطور که ممکن است که ما در آینده همدیگر را که نبینیم. من منزل شما را خوب بلدم.»

کدام آینده، کدام منزل؟ مگر من می‌رفتم که برگردم؟ مقصدم کجا بود و چرا دلم نمی‌خواست بدانم؟ گفتم: «تعارف را کنار بگذارید.»

سرش را کمی کج کرد و با تنگ کردن چشم‌هاش حالت لبخند به خود گرفت، انگار که دارد گریه می‌کند، گفت: «قابلی ندارد. یک وقتی که می‌آیم با هم حساب می‌کنیم.» تعظیمی کرد و تند از کوپه بیرون دوید.

صندلی کوپه چوبی بود. دیوارها هم چوبی بود. جای سه نفر این طرف بود و جای سه نفر آن طرف. بالای هر نفر یک عدد انگلیسی بر پلاک آبی‌رنگی نوشته شده بود. من کنار پنجره زیر شماره پانزده نشستم و چمدان درست بالای سرم بود. خیلی دلم می‌خواست که ببینم در کوپه‌های جلوتر چه کسی روی صندلی شماره یک نشسته است. گفتم بعد که قطار راه افتاد می‌روم می‌بینم. بلیت را بین انگشت‌هام گرفتم و به بیرون چشم دوختم. ایستگاه پر از جوکی شالمه بر سر و عبا بر دوش بود که هر کدامشان در جایی مشغول گدایی بودند. جمعیت از آن‌ها فاصله می‌گرفت اما همه جا دستی دراز شده بود. گداهایی با سر و روی کثیف که با زبان دور لبشان را می‌لیسیدند و چشم‌های هیزشان را به این‌جا و آن‌جا می‌چرخاندند.

آن‌طرف‌تر گلهٔ گوسفندی سر در آشغال‌ها و کاغذپاره‌ها فرو برده بود و گاوی در میانشان چرخ می‌خورد. زیر هر تیر چراغ‌برق کسی مشغول کاسبی خودش بود و عده‌ای دورش جمع شده بودند. باقلا، سیگار یا

چای. حالم داشت به‌هم می‌خورد و سرم سنگینی می‌کرد. پیشانی‌ام را به شیشه چسباندم و به جمعیت چشم دوختم.

سه مرد دور بشقابی جمع شده بودند و چیزی می‌خوردند. مثل این که از واماندگی شمشیرهاشان را در خاک فرو کرده‌اند و هلاک از خستگی به دختری فکر می‌کنند که آسان تسلیم نمی‌شود و می‌تواند به حالت خمیده هزار سال یک گل نیلوفر کبود را به پیرمردی قوزی تعارف کند. دختری که از سر ناچاری یا تیره‌بختی سرنگ را پر می‌کند و در رگ‌های تشنه‌اش فرو می‌دهد، با پاهای لرزان که هنگام فرو کردن سوزن دستش خط می‌خورد و قطره‌های خون بر لبهٔ دستشویی کافه فردوسی فرو می‌چکد.

چشم‌هام که از حالت دودو زدن باز ایستاد، سر بلند کردم، باز آن مرد را بر درگاه دستشویی دیدم. با صورتی عرق کرده و چشم‌هایی مضطرب. می‌لرزید. حتی نفس‌هاش می‌لرزید. گفت: «به من هم بزنید.»

گفتم: «باز هم شما؟!»

گفت: «استخوان‌هام به سیم‌کشی افتاده، خواهش می‌کنم. می‌دانید؟ من شاعرم. نمی‌دانم شما مرا می‌شناسید یا نه. اتفاقاً شاعر خوبی هم هستم.»

گفتم: «نخیر. شما را به جا نمی‌آورم.»

با لبخند سرد و مرموزی گفت: «خیلی عجیب است.» و در حالی که آستینش را بالا زده بود، سعی می‌کرد به داخل دستشویی بیاید و من نمی‌گذاشتم. پای راستم را به در گذاشتم و تنه‌ام را به لگن روشویی گیر دادم. سرنگ از دستم افتاد. در دستشویی را رها کردم و با خشمی که همهٔ وجودم را می‌لرزاند، سرتاپای او را چند بار از بالا به پایین و از پایین به بالا با چشم دراندم. اما او خیلی آرام و مهربان بود.

گفت: «عیبی که ندارد. سهم ما افتاد زمین.»

گفتم: «خوب شد؟»

گفت: «مزهٔ لوطی خاک است.»

گفتم: «دیگر آلوده شده.» خم شدم، سرنگ را برداشتم و خواستم پرتش کنم توی پیت حلبی کنار روشویی. اما او مچ دستم را در هوا گرفت و گفت: «بزن.»

دست چپش را تو آورد و در دستشویی را به روی خود نگه داشت. نمی‌دانم چرا نمی‌توانستم. هیچ‌گاه در هیچ کاری این همه تردید نکرده بودم. آدم‌هایی که در جمجمه‌ام راه می‌رفتند شروع کردند به درس خواندن. به یاد آوردم که در قطار هم دچار چنین حالی می‌شدم. کِی بود؟ چند سال پیش بود؟ ای خدا، چرا نمی‌توانم.

سرش را کمی تو آورد و با لبخند و در حالی که عرق از چانه‌اش هم می‌ریخت، گفت: «بزن، نازنین.»

سرنگ آلوده بود، می‌دانستم که اگر بزنم، کلکش کنده است، اما این را هم می‌دانستم اگر نزنم تا صبح قیامت باید به همان حال بمانم. سرنگ را در رگ برآمدهٔ او فرو دادم و مایع را تا ته خالی کردم. گفتم: «من اهل شعر نیستم. اهل نقاشی روی جلد قلمدانم.» و به چشم‌هاش خیره شدم که آرام آرام روشن می‌شد و نور می‌گرفت.

زیر لب گفت: «می‌دانم.»

کارم که تمام شد گفتم: «خیلی خوب، ولی خواهش می‌کنم دیگر مزاحم من نشوید.»

گفت: «بله، ممنونم.» و به تندی از پله‌ها بالا رفت. با چشم تعقیبش کردم که مطمئن شوم رفته است. می‌خواستم در را از تو قفل کنم و به حال خودم بخندم یا موهام را پرپر کنم و چند سیلی به خودم بزنم و یا مثلاً ماتیکم را تجدید کنم، خط چشمی به موازات پلک‌ها.

نمی‌دانم چرا همیشه یادم می‌رفت درِ دستشویی را از تو قفل کنم، چرا این‌قدر گیج بودم؟ فقط این را می‌دانم که آدم تیره‌بختی بودم. از تیره‌بختیِ من همین بس که ناگاه چشممم به او افتاد. بالای پله‌ها ایستاده بود، به سیگارش پک‌های پیاپی می‌زد، و زیرچشمی هم مرا می‌پایید و هم آن شاعر بلندقد را. ته‌سیگارش را زیر پا له کرد، با همان ابهت همیشگی، و نگاهی که آدم را مؤاخذه می‌کرد، حالا یادم نیست که دستش در جیبش بود یا همچنان به سبیلش ور می‌رفت. گفت: «زکی سه.» و با اخمی محسوس یکباره عقب‌گرد کرد و رفت.

صدای آکاردئون مرد نابینای موقری که جلو در کافه می‌ایستاد و آهنگ روزگار نقش و نگاران را می‌زد با باد می‌آمد و می‌رفت. صداش را که می‌شنیدم می‌فهمیدم درِ کافه باز شد، کسی آمد یا کسی رفت. خدایا، او نرفته باشد. زود به سر و صورتم دستی کشیدم و از پله‌ها بالا رفتم. با این فکر که یکراست به سراغ او بروم، یک صندلی از میزش بیرون بکشم، وقتی نشستم بگویم با اجازه، و سر حرف را باز کنم. بی‌مقدمه، بی‌آن‌که غرور زنانه‌ام را مد نظر داشته باشم، یکراست بروم سر اصل مطلب و بگویم که من از شما خوشم می‌آید، شاید هم عاشق شما شده‌ام. عیبی که ندارد؟! چرا این‌قدر بی‌قرارید؟ چی شما را ناراحت می‌کند؟ چرا همیشه عصبی هستید؟ دلتان می‌خواهد کرم ابریشم‌های مرا ببینید؟ باید به سال‌های کودکی‌ام برویم. سال‌هایی که من هوس کانادا می‌کردم. فصل بهار اهل کرم ابریشم بودم، ولی حالا اهل نقاشی روی جلد قلمدانم. می‌خواهید برویم کمی در خیابان قدم بزنیم، آن قدر راه برویم که به پل رومی برسیم، به سربازهای فلزی سلام کنیم بی‌آن‌که توقع جوابی داشته باشیم؟ می‌توانیم وارد یک باغ شویم. حالا باغ هم نشد، نشد. کوچه‌باغ‌های آن‌جا قشنگ است. سر هر گذر یک سرباز فلزی کشیک

می‌دهد. یک دوستی دارم که آنجاها ـ بلد نیستم ـ باغ پروانه دارد. باغ پروانه هم نه، باغی که در آن پر از پروانه‌های رنگ‌وارنگ است. یک شازده خانم که در سی سالگی بیوه شد و حالا فقط در باغش پروانه پرورش می‌دهد، آن‌ها را خشک می‌کند و در جعبه آینه‌اش می‌چسباند. کلکسیون دارد. دو تا ماشین مشکی کلاسیک هم دارد که آن‌ها را گذاشته است زیر چفتهٔ انگور. خاطرخواه یک خوانندهٔ فُکلی بود که حنجرهٔ طلایی داشت، خواننده‌ای که خود عاشق یک دختر حاجی چادرمشکی شده بود و هر چه کرد نتوانست به وصالش برسد. دق کرد. مرد. مرگ چیز غم‌انگیزی است. نه؟

وقتی پا به سالن گذاشتم متوجه شدم که او نیست. خودم را نباختم، به طرف میز خودم رفتم و نشستم. ولی همین که آمدم قهوهٔ سردشده‌ام را بنوشم، از پنجره او را دیدم. برخلاف عادت، کتش را درآورده بود و تند و تند به سیگارش پُک می‌زد. چند نفر از کنارش گذشتند و بهش سلام کردند. ولی انگار متوجه اطراف خودش نمی‌شد. انگار منتظر بود سیگارش تمام شود آن وقت شتابان راه بیفتد و سر به یک سوی خیابان بگذارد. من نیمرخش را می‌دیدم و احساس می‌کردم دیگر تحمل ندارد و از عصبانیت در حال انفجار است، اما درمانده است و کاری از دستش برنمی‌آید؛ آدمی که می‌خواهد تکانی به جامعه بدهد اما نمی‌شود؛ می‌خواهد حرف حق بزند، اما گوش کسی بدهکار این حرف‌ها نیست. همهٔ راه‌ها بسته است. مثل قماربازی مال‌باخته یا زرنگ کتک‌خورده‌ای که نمی‌تواند به خود بقبولاند کارش را ساخته‌اند.

در همان لحظه جوان رعنایی که کت و شلوار سرمه‌ای پوشیده بود، با صورت سرخ شده، در برابر او قرار گرفت. سرش را کمی کج کرد و با احترامی که یک سرباز به مافوقش می‌گذارد، جلوش صاف ایستاد. بعد

چند کتاب را که در روزنامه‌ای پیچیده بود به دست او داد و باز همان طور متین و صبور ایستاد. چشم‌های درشتی داشت، با ابروهای هلالی قشنگ، صورت اصلاح شده، و سبیل باریک مرتب. فرق سرش را از چپ باز کرده بود و موهای مجعدش روی پیشانی تاب می‌خورد و دوباره بالا می‌رفت. یک لحظه فکر کردم آن جوان، رعنا نیست، فرزانه است.

در فرزانگی‌اش شک نداشتم فقط زیر آن نگاه فشار همه احساس برهنگی می‌کردم و نمی‌توانستم خودم را از آنجا نجات دهم. سرگردان بودم، صدای سوت قطار آمد، مأموران کبودپوش در سوت‌هاشان دمیدند، درها با صدای خشکی بسته شد و قطار راه افتاد. آدم‌های بیرون برای قطار دست تکان می‌دادند. کلاه بر سر یا بی‌کلاه، با پالتو یا عبا بر دوش لبخندی بر صورتشان نقش بسته بود که خیلی مضحک می‌نمود. مأموران راه‌آهن آن‌ها را پس می‌زدند و قطار از برابر دیواری از آدم‌ها می‌گذشت.

چشمم به پیرمرد کالسکه‌چی افتاد که زیر آخرین تیر چراغ‌برق ایستاده بود و برای من دست تکان می‌داد. دلم می‌خواست براش لبخند بزنم اما نمی‌توانستم. قطار در تاریکی پیش می‌رفت و من به جاهای نامعلوم، به کورسوهایی در دل مِه نگاه می‌کردم. بعد رفته رفته کورسوها هم محو شدند و قطار انگار در تونل سیاهی پیش می‌رفت که انتهایش معلوم نبود. من که بودم و به کجا می‌رفتم؟ چرا کسی به من نمی‌گفت؟ یک لحظه فکر کردم که شاید در تابلو نقاشی شما من سوار قطاری هستم به مقصدی نامعلوم. تابلو زنی که از پنجره به تاریکی نگاه می‌کند و هیچ حالتی جز سرگردانی در چهره‌اش نیست، با لب‌های غنچه‌ای که انگار از بوسه‌ای طولانی برداشته شده و هنوز سیر نشده، موهای درهم و برهم سیاه،

پیراهن بلند و سیاهی که در تابلو نقاشی شما یک مانتو مشکی بود و روسری ماشی‌رنگی هم به سر داشت. گره روسری را کمی شل کردم.

یا نه. من در خواب شما مسافر بودم. سوار بر قطاری سبزرنگ با لکوموتیوی قرمز که می‌خروشید و آن اژدهای عظیم را به دنبال خود می‌کشید؟ آیا اگر قدرت داشتید جلو حرکت قطار را می‌گرفتید؟ به کجا می‌رفت؟

مادر گفت: «می‌رفت روزنامه. از صبح به شوق روزنامه راه می‌افتاد و عصر که می‌آمد از خستگی رنگ به چهره نداشت. یک لبخند بگویی نگویی روی لب‌هاش بود، با یک برقی که تو چشم‌هاش پرپر می‌زد. اما حیف. نه به خاطر این‌که شوهرم بود، نه به خاطر خاطراتم، به خاطر انسانیتش از او حرف می‌زنم. یک روز گذاشتندش سینهٔ دیوار، و بعدها چند تا از شاعرهای معروف براش شعر گفتند. شب آخر در زندان خواسته بود که یکی دو تا از نویسنده‌ها را ببیند. به یکیشان گفته بود: «زندگی از دست‌های ما رفت. شما قدرش را بدانید. سعی کنید وارد بازی‌های سیاسی نشوید چون... و بعد دیگر نگذاشته‌اند حرفش را بزند، چون وقت تمام بوده. آن وقت او را برده‌اند که آخرین عکسش را هم بگیرند. نگاه کن فقط چشم‌هاش شبیه خودش است...»

این چیزها را من از پیش می‌دانستم، برای همین همیشه لباسی سرتاپا سیاه به تن داشتم. به شما فکر می‌کردم که سال‌ها بعد تابلویی از من می‌کشیدید، مانتویی به تنم می‌کردید، با یک روسری سبز؛ و طره‌ای که روی پیشانی‌ام ریخته بود.

زنی گفت: «خواهر موهات را بپوشان.»

گفتم: «من؟»

گفت: «آره تو.»

گفتم: «من که نیستم.»

اما بودم. می‌آمدم که شما را ببینم. می‌خواستم که سرم را بر شانهٔ شما بگذارم و اشک‌هام را پنهان کنم؛ با دست‌های فرو افتاده... و می‌خواستم با سرانگشت‌هایتان دنده‌هام را بشمارید که ببینید کدامش یکی کم دارد.

قطار به سرعت می‌رفت و من از تاریکی بی‌انتهای شب در حیرت بودم. مهم نبود که به دیوارهٔ تونلی دودزده نگاه می‌کنم یا به دنیایی که نمی‌دانستم زمینش کجاست و آسمانش کجا. رو به شرق می‌رفت یا به غرب؟ مهم این بود که در ذهن شما به سفری دور و دراز می‌رفتم. لابد دلتان می‌خواست به جایی بروم که درخت‌های چنار کهن داشته باشد، کلاغ‌هایی بر سر شاخه‌هاش غارغار کنند، با برگ‌های زرد و نارنجی آن دور و اطراف، و وقتی از ته دل آه می‌کشید، نفستان روی هوا نقاشی شود برای ثبت در تاریخ. مدت‌ها بود که چیزی مثل خوره روحتان را می‌خورد و این فکر آزارتان می‌داد که به کی باید اعتماد کرد، دست چه کسی را به خاطر انسان بودن می‌توان بوسید، و به کجا می‌توان پناه برد؟ آیا اصالت نقش عمده را بازی می‌کرد؟ آیا پیش از این‌که آدم با کسی مصاحب شود باید از او بپرسد که اصل و نسبش چیست؟ حتی از یک سوژهٔ نقاشی که ممکن است کوزه یا گلدان یا ظرف سیبی باشد؟ چقدر خسته بودید. کاش پنجره را باز می‌کردید، سرتان را بیرون می‌بردید و فریاد می‌زدید که از همه چیز خسته شده‌اید. یا درددل می‌کردید تا آرام بگیرید، من که می‌شنیدم. آدم‌های بی‌هویت را به چه به سوژهٔ نقاشی شدن، زن بی‌قابلیت را چه به زن شدن. زن بودن خود افتخاری است. بایستی مرد متولد می‌شدند، رخت پاسبانی بر تن می‌کردند، یا شاپو به سر می‌گذاشتند و سر چهارسوق تلکه‌بگیر می‌شدند. یا نه، قصاب می‌شدند که لاشهٔ گوسفند را به قلاب جلو در مغازه‌شان بیاویزند و یک چراغ‌زنبوری بالای

دنبه روشن کنند و چشمشان مدام این‌ور و آن‌ور بدود؛ از زیر چادر این زن، به گردن و سینهٔ آن زن. می‌توانستند حنایی به ریششان ببندند، گوشه‌ای بنشینند و دعانویس بشوند. با رمل و اصطرلاب و قاپ و کاسه آب و استخوان. کتاب دعایشان را روی یک دستمال یزدی پهن کنند و طالع بخت‌برگشته‌ها را ببینند. چه مضحک است آدم از تیره‌بختی مردم نان بخورد و هیچ کاری هم از دستش برنیاید. نه. نمی‌توانستند آدم دیگری غیر از آنچه خودشان هستند باشند. انسان حقیری می‌شدند که برای هر همخوابگی تاوانی مطالبه می‌کردند. انگار که با مرده‌ای عشق ورزیده بودید یا جنایتی مرتکب شده بودید، مکافات سختی پس می‌دادید. اسیرش شده بودید، دلتان براش پر می‌زد. اما هر دم که یادش می‌افتادید مرگش را آرزو می‌کردید.

گفتید: «چه روسری قشنگی، جوان شده‌ای.»

«جوان؟ مگر نیستم. مردکهٔ احمق بلد نیست حرف بزند.»

«من که چیزی نگفتم. می‌خواستم بگویم...»

«خیلی خوب. وقتی بلد نیستی حرف نزن. بگو بچه‌سال‌تر شده‌ام.»

«معذرت می‌خواهم.»

«چرا آدم مزخرف بگوید بعد معذرت‌خواهی کند؟»

«حوصله‌ات را ندارم، پاشو برو بیرون.»

«تو برو. من هم حوصله‌ات را ندارم، تازه مهمان هم دارم، جا ندارد می‌خواهم بیاورمش این‌جا.»

«صحبت از مردهای دیگر است؟»

«آره، اصرار هم نکن.»

دستش را گرفتید، به زور بلندش کردید که بیرونش کنید، اما بی‌فایده

بود. چشم‌غره‌ای بهتان رفت، و آن قدر فحش رکیک دنبال هم زنجیر کرد که رهایش کردید. گفتید: «تو از جان من چی می‌خواهی؟»

«هیچ.»

«پس برو.»

«جایی را ندارم.»

«برو یک گورستان دیگر، برو به جهنم. چه می‌دانم.»

«هیچ کس به مهربانی تو نیست. هر جا می‌روم دلم هوای تو را می‌کند و راه می‌افتم می‌آیم این‌جا. اما هیچ وقت دوستت نداشته‌ام، این را جدی می‌گویم و فکر می‌کنم که...»

«اما من دوستت دارم.»

«پس باهام عروسی کن. قول می‌دهم که هر چه بگویی گوش کنم. پاهات را می‌گذارم توی تشت و با آب گرم ماساژ می‌دهم، تر و خشکت می‌کنم، برات غذا می‌پزم، مدل می‌شوم که هر جور بخواهی مرا بکشی، حتی حاضرم از صبح تا شب مثل یک مجسمه جلوت زانو بزنم. فقط از این دربه‌دری خلاصم کن. خسته شدم از بس زیر دست و بال مردهای جورواجور لولیدم. هر کدامشان یک بویی می‌دهند، هر کدامشان یک اخلاق عجیب دارند، اما تو مهربانی، با همه فرق داری. دلم می‌خواهد شوهر داشته باشم، بچه بزایم، پستانم را در دهنش بگذارم و با انگشت پیشانی‌اش را پیش پیش کنم که خوابش ببرد، بعد بیایم سراغ تو.»

با انگشت‌های مهربانش بناگوش شما را نوازش کرد، سرتان را روی پاهاش گذاشت و آن قدر پیشانی و زیر چشم‌هاتان را نوازش کرد که یادتان رفت چروک‌هایی به پیشانی، زیر چشم‌ها و دور لب‌هاتان افتاده. شقیقه‌ها و چند تار از موی سبیلتان سفید شده، کارتان دیگر ساخته شده، و هر روز بر مقدار تریاک و مشروب خود افزوده‌اید، هر چه نقاشی کپی می‌کشید،

خرج مشروب و تریاک می‌شود؛ آرام آرام به خواب رفتید و وقتی چشم گشودید شب شده بود و من رفته بودم. روی پاهای او خوابیده بودید و به چشم‌های براق و سیاه او نگاه می‌کردید.

من از یادتان رفته بودم؟

نه. سوار بر قطار می‌رفتم. سرم را به شیشهٔ پنجره چسبانده بودم و به سیاهی لایتناهی نگاه می‌کردم. چمدانی بالای سرم بود که قلبم را به درد می‌آورد. مردی که از وقتی خودم را بهش تسلیم کرده بودم، دار و ندارش را گذاشته و باخته بود. اما آیا این قمار بود؟ آیا او قمارباز بود؟ و من برندهٔ این بازی بودم؟ آدم تیره‌بختی که جنازهٔ قطعه قطعه شدهٔ معشوقش را در چمدانی گذاشته و بی‌آن‌که خود بخواهد یا بداند، آن را به جای نامعلومی می‌برد، فقط به این خاطر که شهامت خودکشی نداشته و به وضعیت تن داده است؟

شما اسم این را می‌گذارید زندگی؟ که هر کدام از ما جنازهٔ یک نفر را بر دوش داریم، سوار بر قطاری به جای نامعلومی می‌رویم که نه مبدأ آن را می‌دانیم و نه مقصدش را؟ دلمان به این خوش است که زنده‌ایم. چقدر به پریانی که در برابر چشمانمان آزادانه می‌رقصند بی‌توجهیم و خیال می‌کنیم آن‌ها را ندیده‌ایم، چقدر از کنار چیزهای مهم می‌گذریم و آن‌ها را به حساب نمی‌آوریم، چقدر به پولک‌های طلایی آفتاب نگاه می‌کنیم و فکر می‌کنیم هرگز از آفتاب پولک طلایی نریخته است، و چقدر به هستی بی‌اعتناییم. ما قدرت تشخیص نداریم، بلد نیستیم انتخاب کنیم. نه. ما انتخاب نمی‌کنیم، انتخاب می‌شویم. انتخاب می‌شویم که جنازهٔ عزیزی را بر دوش بکشیم و در سوگش اشک و عرق بریزیم. وگرنه چرا موقعی که به خانهٔ او پناه بردم و در برابرش، در حضورش روی تختخواب او دراز کشیدم دیوار سنگین و سیاه خواب نمی‌گذاشت او را ببینم؟ و چرا وقتی

کـه او در آغـوشم بـود و جسـم لرزانش بـه جسـتجوی کـودکی‌اش، بـه
جستجوی مهر مادرانهٔ من خود را در من مچاله می‌کرد و می‌خواست که
به رحم من، به بطن من پناه یابد و به آن جایی بازگردد که آمده بود، قلبش
از تپش ایستاد؟

آیا او بچهٔ خودم بود؟ آیا می‌خواست در خون رحم من چمبره بزند و
در پناه امنِ من خود را از سـختی و خشـونت روزگار پنـهان کـند؟ هـمهٔ
دلتنگی‌ها و آرزوهای من با یاد او تازه می‌شد، مثل مادری که شهد خون
خود را به خورد جنینش می‌دهد، مثل مرگ که با همهٔ توانش به جان آدمی
می‌افتد و با حالتی فاتحانه همهٔ روزنه‌های امید را می‌بندد، مثل عشقهٔ
مرگ در من گره خورده بود. شاید به این خاطر که بخواهد خود را از
سختی و خشونت روزگار پنهان کند. نمی‌دانم. فقط می‌دانم که این نیاز
ازلی و ابدی همه را مسحور خود کرده بود، و او که خود مسحور بود چه
رنجی می‌کشید. دو ماه و چهار روز بی من، با من گذرانده بود؛ در هجرانی
شادی‌آور، و وصالی غم‌انگیز در تنهایی خویش، با عزیزی که من بودم،
گاهی بودم و گاهی نبودم.

شما هم عاشق بودید و من خوب می‌فهمیدم. خودتان می‌خواستید که
علاقه‌ای به او نشان ندهید، اما دیگر کار از کار گذشته بود و همهٔ ذرات
وجودتان او را صدا می‌کرد. همیشه چیزی کم داشتید و خیال می‌کردید
باید بر مقدار تریاک و مشروب خود بیفزایید، و چه بی‌فایده. هر چه
بیش‌تر از آن افیون به درون می‌کشیدید، همراه نشئگی کیف‌آورش
چروک‌های رنج بر چهره و درونتان نمایان‌تر می‌شد. بر سر دوراهی مانده
بودید. نه می‌توانستید تحملش کنید، و نه عشقش از یادتان می‌رفت.
ترکیبی از عشق و نفرت بود. هر چه در شما داشت، مثل برق و باد گریخته
بود اما دلتان را هم با خود برده بود. گم‌کرده داشتید و او را نمی‌یافتید. و

آن‌گاه که می‌یافتید پشیمان و مغبون به حرکت لاک‌پشتی خورشید نگاه می‌کردید و روز به آخر نمی‌رسید. شب‌ها چشمتان به ماه بود که از پشت پنجره تکان نمی‌خورد تا صبح از راه برسد. هر راهی که می‌رفتید به او ختم می‌شد، با این‌که به یاد می‌آوردید اگر در عمرتان اهانتی شنیده‌اید از او شنیده‌اید، اگر گریه کرده‌اید حتماً از دست او به ستوه آمده‌اید، و اگر سال‌ها کپی‌کاری کرده‌اید و نتوانسته‌اید یک اثر هنری خلق کنید شاید به این خاطر است که چهرهٔ معشوق در شما متجلی نشده است. و هر چه می‌کردید نمی‌نشست که یک تابلو ازش بکشید. بی‌قرار بود، آزار داشت. از راه که می‌رسید مثل یک کاغذ سفید مچاله‌تان می‌کرد و بعد می‌رفت.

آن قدر در حماقت خود اصرار ورزید که ناچار شدید او را بکشید، تا شاید خود را از وجود او پاک کنید. عاقبت به این نتیجه رسیدید که قطعه قطعه‌اش کنید و از دستش خلاص شوید، اما دریافتید در حقیقت زنجیر گردنتان را محکم‌تر کرده‌اید.

سرش را موقعی بریدید که با ابروهای درهم و چشمان ملتمس می‌خواست یک بار دیگر بهش فرصت بدهید. با لب‌هایی که بین گریه و خنده مردد بود، انگار داشت لب ور می‌چید یا به گناهان خود پوزخند می‌زد، انگار خودش هم از زندگی بی‌معنای خودش خسته شده بود و به مرگ می‌خندید اما از ترس و درد، نفس‌زنان التماس می‌کرد و همهٔ حربه‌های زنانه را به کار گرفته بود که شما را از قتل بازدارد. و شما دیگر او را نمی‌دیدید، فقط صدای تمسخرش را می‌شنیدید. توی دلتان گفتید: «چون دوستت دارم، می‌کشمت.» اما عجیب دچار این تردید فلسفی شده بودید که باید جملهٔ خود را اصلاح کنید: «نه، چون می‌کشمت، دوستت دارم.» دیگر چه فرقی می‌کرد؟ راه آشتی را باز نگذاشته بودید که دست از کار بکشید و او را نکشید. روزی صد بار آرزو می‌کرد کاش بمیرید و او

بتواند به راحتی مهمان‌هاش را به آن‌جا بیاورد. توی دلتان گفتید: «یادت هست؟» و کارد تیز آشپزخانه را با فشار بیش‌تری روی رگ و پوست گردنش کشیدید. خون فواره زد و به شیشهٔ عینکتان پاشید. باز هم ادامه دادید و آن قدر کشیدید تا سر از بدن جدا شد. فوران خون فروکش کرد، کبودی صورتش به سفیدی گرایید و انگار در خواب به معصومیت‌های کودکی‌اش برمی‌گشت. چهره‌اش آرام شد و ورم‌های پیشانی و گونه‌ها فرو نشست. آه، پشت این چهرهٔ وحشتناک صورت یک فرشته بود و تا آن لحظه نمی‌دانستید؟ چقدر زیبا بود. آیا می‌شد دوباره زنده‌اش کرد؟ در یک لحظه هر چه نفرت در شما داشت، مثل برق و باد گریخت. کاش کار به این‌جا نمی‌کشید. کاش او را می‌ساختید. آیا دروغ است که می‌توان انسان را به ابعاد انسانی متمدن نزدیک کرد؟ و آیا راست است که وقتی آدم مرد، رذالت‌هاش را شیطان می‌برد و روحش را خدا؟ باری، هیچ رذالتی در چهرهٔ فرشته‌سای او دیده نمی‌شد، شقیقه‌هایی که با هر تپش حماقت و بلاهت را تکرار می‌کردند حالا آرام گرفته بودند. موهای حلقه حلقهٔ سیاهش در ملافه و خون معنای تازه‌ای داشت، چشم‌های براقش به سقف دوخته شده بود بی‌آن‌که اخم کرده باشد یا شرارتی از آن سربزند، و لب‌هاش، آن لب‌های گوشتالوی نیمه‌باز انگار تازه از یک بوسهٔ گرم و طولانی جدا شده ولی هنوز سیر نشده بود و همان طور مانده بود. خم شدید و لب‌هاتان را روی لب‌هاش گذاشتید. برای اولین بار از سرمای چندش‌آور آن گوشت نرم به خود لرزیدید. نفهمیدید چند دقیقه یا چند ساعت روی لب‌های او خم شده بودید که احساس سرمای عجیبی کردید و لرزی به اندامتان افتاد که هیچ ربطی به سرمای آن جسم یخ‌کرده نداشت. در یک لحظه پلک سمت چپش لرزش خفیفی کرد و آرام گرفت. به دست‌هاش نگاه کردید که ملافه را چنگ زده بود، هر دو را از آرنج قطع

کردید و به دیوار واداشتید. ناخن‌های بلندش دیوار را به نرمی خراش داد و ایستاد. انگشت سبابهٔ دست راست کاملاً خم شده بود و انگشت میانی دست چپ، آن‌که انگشتری صلیبی داشت، صاف و بلند ماند. پاهاش را هم جدا کردید. چقدر قشنگ بود و انگار انگشت بزرگ از خجالت آب شده و سرش را کمی کج کرده بود. ران‌های بلندش را پیچیده در ملافهٔ سفیدی جدا کردید و نیم‌تنهٔ بی‌سرش را مثل یک مجسمهٔ سنگی که لخته‌های خون از رگ و پی‌اش می‌ریخت در تابلویی دیگر نقاشی کردید. قلم را زمین گذاشتید، سیگاری آتش زدید، پنج تابلو را کنار هم گذاشتید و به تماشای جسد قطعه قطعه شده‌اش نشستید. آیا به راستی چنین شکلی داشت یا شما این‌طور او را کشیده بودید؟ آیا در آن وقت به من فکر می‌کردید؟ حسادت نمی‌کنم، اما آیا معنای زیبایی را می‌فهمیدید؟ پک غلیظی به سیگار زدید و احساس کردید نیرویی شما را به طرف هزار بیشه کشاند. کشوها را یکی یکی گشودید، اثاثیهٔ داخل آن را زیر و رو کردید و عاقبت آنچه را می‌خواستید یافتید. قلمدانی بود که روی جلدش نقاشی اسرارآمیزی داشت. در صحرایی بی‌انتها پیرمردی قوزی زیر درخت سروی نشسته بود. یک دختر جوان جلو او ایستاده بود، خم شده با دست راست گل نیلوفر کبودی به او تعارف می‌کرد، با لبخند مدهوشانه و بی‌اراده‌ای که گوشهٔ لبش مثل یک لکهٔ بزرگ خون خشک شده بود، با لب‌های غنچه‌ای نیمه‌باز و موهای سیاهی که ژولیده و نامرتب همین جور بالای سرش کپه شده بود، ابروهای به هم پیوسته، و چشم‌های سیاهی که اگر به کسی نگاه می‌کرد معلوم نبود چه بر سرش می‌آورد، همه نشانه‌های یک دختر ساسانی بود که انگار از دست پابرهنه‌ها گریخته بود و به پردهٔ نقاشی پناه برده بود تا در امان بماند و آن دو قمری هراسان کوچک در سینه‌اش آمادهٔ پریدن بودند، بی‌آن‌که بالی برای پرواز داشته باشند،

عده‌ای شمشیر به دست سرگشتهٔ او در کوچه‌های خلوت ظهر، با سبیل آویخته و چشم‌های جستجوگر انگار زمین را سوراخ می‌کردند و آسمان را جر می‌دادند.

پس کـجا رفت؟ هیچ کس در آن کـوچه‌های خـلوت نـبود، کـاهگل دیوارها و بام‌ها زیر هرم آفتاب به نرمی دود می‌شد و رنگ‌ها آرام آرام به سرخی می‌گرایید، صداهـای مـحو و دوری از آدم‌هـای شهر بـه گـوش می‌رسید اما نشانی از هیچ آدمی نبود. صدایی می‌گفت: «بچه‌خیاط! ستاره‌های آسمان چند است؟»

«موهای اسب من چند است؟»

«بچه‌خیاط! مرکز زمین کجاست؟»

هیچ کس پاسخی نداد. فقط صدای کوبیده شدن میخی در زمین شنیده مـی‌شد، و آن پـابرهنه‌های سـرگردان عـرق‌ریزان و تشـنه در جسـتجوی دختری کـه آسـان تسـلیم نـمی‌شد بر راه رفته و روزگار گشـته لعنت می‌فرستادند، بی‌آن‌که زبان کسی را بفهمند. ای تف! و اگر آن زبان خشک آبی داشت، مگر دل بی‌رحم دریغ می‌کرد؟

به پنجره نگاه کردید. هوا تاریک شده بود. ساعت‌ها یا شاید سال‌ها گذشته بود و آیا این مهم نبود؟ مهم نبود که چقدر تاریخ از این مردهای تشنه به خود دیده، آدم‌هایی که در این سرزمین گرم لبشان مثل لب ماهی می‌گفت آب؟ از تشنگی لـه‌له می‌زدند و آب دریاها شور بود. جویباری می‌خواستند که کنارش گل نیلوفر روییده باشد.

اسـتکانتان را پـر از مشـروب کـردید و سـر کشـیدید. آیا دلتان نمی‌خواست کسی آکاردئون بزند و با آهنگ غم‌انگیزی بخواند ای روزگار نقش و نگاران، ای دل خفته، ای خواب شیرین. بقیه‌اش چی بود؟ یادم نمی‌آمد. در ذهنتان گفتم: «می‌آیی با هم حرف بزنیم؟»

سر بلند کردید. من نبودم. رفته بودم و صدای قطار محو و دور شنیده می‌شد. هر چه دورتر می‌شدم یاد شما قلبم را بیش‌تر می‌فشرد و راه نفسم را می‌بست. مثل اشکی که هرگز نتوانستم برای شما از چشمانم بچکانم، گوشهٔ ذهنم قطره شُدید. مثل بغضی که در گلویم ماند، ماندید. ای روزگار نقش و نگاران!

آن کامل مرد کور کنار در کافه فردوسی یادتان هست؟ تکیه داده به دیوار آکاردئون می‌زد و گاهی کسی اسکناسی در جیبش می‌گذاشت؟ قیافه‌اش یادتان هست؟ شبیه هیچ کس نبود. شبیه خودش بود. عینک سیاهی می‌زد که نوک بینی کوچکش به سختی از زیر آن دیده می‌شد، صورت بازاری بود، غبغب داشت، موهاش جوگندمی بود، مجعد بود، شانه خورده و تمیز. وقتی لب‌های سرخش می‌جنبید آدم می‌فهمید که دارد می‌خواند ای روزگار نقش و نگاران. کت و شلوارش همیشه طوسی بود، با دکمه‌های بسته، وقار آقامنشانه‌ای داشت که اوایل من می‌ترسیدم اگر پولی بگذارم در جیبش یکباره دست از آکاردئون زدن بکشد، عینکش را بدهد بالا و جوری به آدم نگاه کند که یعنی: کار خوبی نکردید!

«ببخشید آقا. چقدر قشنگ می‌نوازید. وقتی نیستید ما گم‌کرده داریم. سر و صدای خیابان مزخرف است. می‌دانید؟ من از شما خیلی ممنونم، یعنی همهٔ ما.» چرا نمی‌توانستم حرف بزنم، و موقع بالا رفتن از پله‌ها سکندری می‌خوردم؟ همیشه این جور موقع‌ها وقتی آدم فکرش را می‌کند، بیخود و بی‌جهت سکندری می‌خورد، کیفش می‌افتد و همه چیز بهم می‌ریزد. چه مرگم بود که می‌ترسیدم او دوباره آهنگش را قطع کند، به طرف من بیاید، زیر بازویم را بگیرد، کیفم را به دستم دهد، مرا به بالای پله‌ها برساند و بپرسد: «طوری که نشدید؟»

چرا. طور عجیبی شده بودم. دلم برای او پر می‌زد. بدنم درد می‌کرد،

استخوان‌های کتفم را از دو طرف جر می‌دادند و زانوهام می‌لرزید. وقتی وارد کافه شدم باز هم او نبود. سنگینی دنیا روی شانهام فرود آمد و راه نفسم را بست. لحظاتی آن وسط سرگردان بودم. نمی‌فهمیدم چرا آن‌جا ایستاده‌ام، برای چه آمده‌ام و چه می‌خواهم. چه مرگم بود؟

جای همیشگی‌ام را پیدا کردم و کنار پنجره نشستم اما چیزی سفارش ندادم. سیگاری روشن کردم و به صدای آکاردئون دل سپردم. جای من در انتهای کافه گوشهٔ دنجی بود که به دیوار تکیه می‌دادم و همهٔ کافه را زیر نظر می‌گرفتم. اما حالا دلم نمی‌خواست به چیزی نگاه کنم. می‌خواستم موسیقی گوش کنم و از خودم بپرسم که آیا او هم به من فکر می‌کند؟ اصلاً مرا یادش هست؟ چند بار بهش سلام کردم، کلاه از سر برداشت، نیم‌خیز شد و با احترام لبخند زد؟ آیا با همه این‌طور بود یا فقط نسبت به من ادای احترام می‌کرد؟ شما یادتان هست؟ چشم‌هاش را به من می‌دوخت، با دست چپ یا راست به سبیلش ور می‌رفت، بی‌خیال و راحت مرا زیر آن نگاه پرشرر ذوب می‌کرد و خود با لبخندی مرموز به پروردگار من درود می‌فرستاد.

گارسونی که روپوش سبز داشت از من پرسید چیزی می‌خواهم و من گفتم که نه. بعد سه مرد دور میزم حلقه زدند. دو نفرشان مست بودند و یکیشان موهاش فرفری بود.

«خیلی باید ببخشید هان. حتماً شما شاعر تشریف دارید.»

پک غلیظی به سیگار زده بودم و دود در راه گلویم گلوله شده بود. نگاهش کردم. لاغر و دراز بود، بی‌قواره، و کاکلش را ریخته بود روی پیشانی‌اش. دود را به صورتش پف کردم، یک قدم عقب رفت، اما نمی‌توانست تعادلش را حفظ کند. پیلی‌پیلی می‌خورد. عرقشان را در

کافه‌های دیگر می‌خوردند و به کافه فردوسی یا کافه نادری می‌آمدند که با قهوه تکمیلش کنند.

مـرد مـوفرفری یک صـندلی عـقب کشید و نشست. دندان‌هـاش مصنوعی بود و وقتی با چشم‌های زاغ خیره می‌شد احساس می‌کردم دارم به دو تیلهٔ شیشه‌ای نگاه می‌کنم. گفت: «خیلی مایلم شعرهای شما را بشنوم.»

رو به هر سه‌شان گفتم: «من اهل شعر نیستم. اهل نقاشی روی جلد قلمدانم.»

«عرض نکردم آقایان؟ من می‌دانستم ایشان به میرزا قلمدان تعلق دارند؟»

«زن که سیگار نمی‌کشد.»

«من می‌کشم.» و اخم کردم.

سومی بینی تیرکشیده‌ای داشت و موهاش صاف بود. به سیگارش پک‌های الکی می‌زد و به نظر می‌آمد که از آن دوتای دیگر حرامزاده‌تر است. با دست به صندلی خالی او اشاره کرد و گفت: «من از شغل‌هایی که آخرش کش داشته باشد خوشم نمی‌آید.»

گفتم: «منظور.»

«می‌خواستم بپرسم از این جناب قلمدان‌کش چیزی هم ماسیده؟»

نتوانستم جلو خودم را بگیرم، کف دستم را به میز کوبیدم و ایستادم: «به شماها هیچ ارتباطی ندارد.»

«چرا شلوغش می‌کنی؟»

«می‌خواستیم بدانیم مزه‌اش چطور بود؟»

«همین.»

و هر سه با هم خندیدند.

بوی شیرینی می‌آمد.

می‌خواستم با کیف چنان به صورت آن مردکهٔ فُکُلی بکوبم که کاکلش بچسبد به صورتش. می‌خواستم جیغ بزنم. می‌خواستم همهٔ میزها را برگردانم. می‌خواستم گریه کنم، و می‌خواستم بگویم خاک بر سرتان، برای همین است که ما به این وضع افتاده‌ایم. غرورِ ملی ندارید، عِرق گروهی ندارید، آدم‌ها را آدم نمی‌بینید، به جای کار، خاله‌زنک شده‌اید و از صبح تا شب وِر می‌زنید. رجاله‌های اخته، نامردها. اگر راست می‌گویید چرا یک جایی ندارید که از حقوقتان دفاع کند، چرا چهار نفرتان نمی‌توانید کنار هم بنشینید؟ چرا هر کس می‌رسد راحت روی مغزتان راه می‌رود، خاک بر سرتان. و تنها گفتم: «رجاله‌ها! خفه.»

جیغ کشیدم و با دو دست گوش‌هام را گرفتم که صدای خودم را نشنوم. گُر گرفته بودم و در یک لحظه متوجه شدم که یکی از آن‌ها زیپم را از پشت پایین کشید. پیراهن سیاهم از تنم پایین افتاد و من برهنه شدم. نمی‌دانم چه زمانی طول کشید. فقط به یاد دارم که دست‌هام را ضربدری روی پستان‌هام گرفته بودم و برهنه در برابر آن همه شمشیر به‌دست ایستاده بودم. قهقهه می‌زددم و من این بار دیگر راه فرار نداشتم. عده‌ای از درون جمجمه‌ام برایم دست تکان می‌دادند که صورت‌هاشان پیدا نبود. مثل یک بالن سبک می‌شدم و در بی‌وزنی زمان فرو می‌رفتم. انگار دنیا مثل بادکنک باد می‌شد و اوج می‌گرفت، و من در حالی که به یک ریسمان نازک چنگ انداخته بودم آویخته در رنگ‌های سفید و سرخ جا می‌ماندم. صدای ماغ کشیدن گاو می‌آمد. پژواک صدای کارگران پزشکی قانونی، صداهای درهم و برهمی که هیچ کدامشان را نمی‌فهمیدم. صدای زنگ یک تلفن در سال‌های بعد. گوشی را برداشتم و گفتم: «بفرمایید.»

«سلام.»

«علیکی سلام، بفرمایید.»

«ببخشید، شما چند سالتان است؟»

پیش از آن که جوابی بدهم پرسید که اسمم چیست. حوصله نداشتم.
گفتم: «کجا را گرفته‌اید؟»

یک شمارهٔ عوضی گفت. گوشی را گذاشتم. تلفن دوباره زنگ زد.
گوشی را برداشتم و گفتم: «بفرمایید.»

گفت: «چه صدایی!»

گفتم: «با کی کار دارید؟»

گفت: «ببخشید، آن‌جا کجاست؟»

گفتم: «پزشکی قانونی.»

گوشی را گذاشت. خفقان گرفت و من در آرامش کامل به گذشته‌ها
فکر کردم و به کافه فردوسی برگشتم. صدای قهقههٔ پیرمرد قوزی می‌آمد
و آن‌ها دورم حلقه زده بودند. در آن همهمهٔ غریب تنها شنیدم که کسی
گفت: «تو هم رفتی جزو اموات.»

بغض کرده بودم و لب‌هام می‌لرزید. سرم را زیر انداختم بلکه گل
نیلوفری بچینم و آن را به پیرمرد قوزی تعارف کنم اما وقتی سر بلند کردم
آن سه مرد رفته بودند. مرد دیگری جلو من ایستاده بود. بارها دیده
بودمش. همراه آن شاعر قدبلند می‌آمد و آزارش به مورچه هم نمی‌رسید.
چشم‌هاش قی کرده بود و چیزهایی از رفتار آن شاعر قدبلند در او بود،
همان که آستینش را بالا می‌زد، عرق‌ریزان و لرزان، با چشم‌های ملتمس از
من می‌خواست که سرنگ را در رگ برآمده‌اش فروکنم.

همراه با گریه گفتم: «من اهل شعر نیستم، اهل نقاشی روی جلد
قلمدانم.»

کتش را از تنش درآورد و به من پوشاند. نشستم. به اطراف چشم

دوختم که ببینم کی نگاهم نمی‌کرده. بعد آن مرد گفت که سرشان به‌کار خودشان باشد، چیزی نبوده، چیز بوده، یک سوءتفاهم، آره. همین که گفتم، یک سوءتفاهم جزئی.

پیراهنم را پوشیدم و آن مرد زیپم را بالا کشید، کتش را از شانه‌ام برداشت و قهوه سفارش داد. گفتم: «کاش مشروب می‌خوردم.»

گارسون برای من قهوه آورد، آن مرد از جیب ساکش یک شیشه بیرون آورد و فنجانم را پر کرد. گفت: «تا به حال عرق را با قهوه خورده‌اید؟» و من گفتم که نه.

محتوی فنجان را یکضرب بالا انداختم و یک سیگار روشن کردم. پشت دستم را به دندان گرفتم و فشار دادم. می‌خواستم حرف بزنم اما گریه امان نمی‌داد.

گفت: «به نظر من سخت نگیرید. البته این جور هم نیست که شما می‌فرمایید. اصلاً نفرمایید.» دست در جیب بغلش کرد، اعلامیه‌ای بیرون آورد و به من نشان داد. عکس آن شاعر قدبلند بر آن گراور شده بود؛ زیر جملهٔ بازگشت همه به سوی اوست.

گفت: «به نظر من دنیا ارزش این حرف‌ها را ندارد.» و اعلامیه را چهارتا کرد و باز در جیب بغلش گذاشت.

گفت: «شما را به خدا گریه نکنید، من شاعرم، حساسم خیلی. نمی‌توانم ببینم شما اشک می‌ریزید.»

گفت: «حیف شما نیست این حرف را می‌زنید؟ نه، نفرمایید.»

و گفت: «به نظر من بدنتان عین بلور است، خوشگل هم که هستید هزار ماشاالله. اقل‌کم به من رحم کنید.»

نمی‌توانستم حرف بزنم. اشک‌هام را پاک کردم، فنجان خالی‌ام را به گارسون نشان دادم که یکی دیگر بیاورد. اما دلم چیز دیگری می‌خواست.

چیزی که مرا از این حالت جدا کند و در لجن‌زاری غرق کند، مایع گس و شوری که در رگ‌هایم بدود و مرا به دنیای پوچی فرو بَرد، نزدیکی‌های مرگ، جلو درِ دستشویی کافه فردوسی. اما قفل در قرمز بود. ایستادم تا کسی که آن‌جا بود بیرون بیاید. به باغ پشت کافه نگاه کردم؛ گربه‌ای زیر سایهٔ یک درخت هلو بچه‌هاش را لیس می‌زد. آن‌طرف‌تر پسربچه‌ای روی یک جعبهٔ چوبی نشسته بود و سبزی پاک می‌کرد. همهٔ استخوان‌هام تیر می‌کشید و نبضم تند می‌زد. چند تقه به در زدم. پیرمرد تر و تمیزی در حالی که دست‌هاش را با دستمال سفیدی پاک می‌کرد از آن‌جا بیرون آمد و من داخل شدم. اما دیگر در را قفل نکردم، جلو آینه ایستادم، سرنگ را پر کردم و در رگم فرو دادم. سوزشی توأم با هیجان روی پوستم نشست. بوی شیرینی سوخته می‌آمد. تصویر آینه که من بودم تار شد. زنی وسط یک تابلو در کوزهٔ قلیان بلوری بزرگی روی یک چهارپایهٔ چوبی نشسته بود و وقتی مردها به قلیان پک می‌زدند، حباب آب روی اندامش می‌لغزید و بالا می‌رفت. پلک زدم و باز دقت کردم. زن نیم‌برهنه‌ای وسط تابلو می‌رقصید و مردهای مست تکیه داده به مخده، یک دست به جام باده و یک دست روی شکم، مدهوش و خواب‌آلود گاهی نگاهی می‌کردند. یکی رباب می‌نواخت، یکی دف می‌زد، و زنی که می‌رقصید بیمار بود، حال خوشی نداشت. آیا از درد به خود می‌پیچید یا واقعاً داشت می‌رقصید؟

سرنگ خالی را از رگم بیرون کشیدم، سوزشی توأم با کرختی روی پوستم نشست. تصویر آینه تار نبود و من چروک‌های پنهان پوست صورتم را به وضوح می‌دیدم. آیا این زن من بودم یا کس دیگری بود؟ زنی با چشم‌های کم‌سو، شانه‌های فرو افتاده و قوز کرده که دسته‌ای از موهای سپید سرش از دو طرف چارقد بیرون مانده بود. یک دست به زانو و

دست دیگر به کمرگاه، از چه کسی به ستوه آمده بود که دامن سلطان را گرفته بود و فغان می‌کرد. داد می‌زد که هر چه می‌کشم از تو می‌کشم.

شیر آب را باز کردم، صورتم را شستم، به آینه نگاه کردم، خودم را شناختم. یک لبخند به خودم زدم، پاهام را آرام به زمین کوبیدم که سفتی‌اش را بفهمم. آن وقت صدای محو و دور آکاردئون را شنیدم، و فهمیدم آفتاب تند می‌تابد. از پله‌ها بالا رفتم و خودم را به میزم رساندم. آن مرد هنوز سیگارش را تمام نکرده بود. نشستم و سیگاری آتش زدم.

گفت: «خودتان را ساختید؟»

سر تکان دادم اما نه به نشانه تصدیق. بعد گفتم: «بله؟»

«پرسیدم بهتر شدید؟»

یک لبخند زورکی تحویلش دادم: «بله. صورتم را شستم، کمی خنک شدم.»

«حالا نه، به وقتش من هم باید بروم دست و رویی بشورم.»

به من چه مربوط. اصلاً حوصله‌اش را نداشتم. سیگارم را نصفه خاموش کردم و گفتم: «چقدر گرم شده؟»

«به نظر من، باید نظر شما را بپرسم. مایلید برویم منزل بنده؟ زیاد دور نیست، خیابان سیروس است.»

«سیروس؟ همان جایی که دیروز یک مرد چهار تا بچه و زنش را با بنزین آتش زد و خودش را هم سوزاند؟ بلدم. یعنی تا به حال نرفته‌ام ولی شنیده‌ام که مردی خود و خانواده‌اش را به آتش کشیده.» و فنجان قهوه‌ام را به طرف او دراز کردم که کمی بریزد. باز از ساکش شیشه را بیرون آورد، فنجانم را پر کرد و گفت که با قهوه محشر می‌شود. و گفت این‌که ودکا نیست، کنیاک است. به نظر من کنیاک با قهوه یعنی توپ. فنجان قهوه‌ام را یکضرب سر کشیدم و داغ شدم.

گفت: «اتفاقاً بله، سر کوچهٔ خودمان بود. می‌دانید، عصر دیروز که...»

از جایم بلند شدم: «خیلی از لطف شما ممنونم. من رفع زحمت می‌کنم.»

هاج و واج نگاهم کرد: «کجا؟»

«دیرم شده.»

مغبون و گله‌مند به نظر می‌آمد. انگار که در یک مجلس ختم، شام همه را داده‌اند و او را فراموش کرده‌اند. گفت: «آخر، می‌دانید، من یک شعر در وصف شما سروده بودم که خیلی مایل بودم بخوانم و نظرتان را بدانم. به نظر من خیلی زود دارید می‌روید.»

گفتم: «اگر لازم می‌دانید که شعر را بخوانید، خوب، بخوانید.»

دستپاچه دنبال شعر می‌گشت، از این جیب به آن جیب. جیب بغل، جیب پهلو، جیب عقب، و عاقبت یافت. کاغذی چهارتا شده را باز کرد و با پک غلیظی به سیگار خواند:

«دانه دانه‌های انار را

تو بودی که در دهانم می‌ریختی

قاشق قاشق مرا سرخ و باطراوت می‌نمودی

تو بودی.

با نگاهت مرا...»

گفتم: «معذرت می‌خواهم.»

برآشفت: «هنوز تمام نشده.»

«بله، می‌دانم.» و برای آخرین بار به دیوارها و جای خالی او نگاهی انداختم و کیفم را برداشتم.

از جا بلند شد و تمام‌قد جلو من ایستاد. تازه متوجه پیراهن سیاه و ریش نتراشیده‌اش شدم. گفت: «راستی خبر دارید که رفیق ما مُرد؟»

«مُرد؟ کدام رفیق شما؟»

با دست به جیب بغلش اشاره کرد: «همانی که، چه جوری بگویم، یادتان نیست؟ اعلامیه‌هاش به در و دیوار هست.»

یادم بود. می‌خواستم بپرسم چرا مُرد، اما گفتم: «چیزی یادم نمی‌آید.»

«به هر حال، کزاز گرفت و مرد.»

«تسلیت می‌گویم.»

«آدم ماهی بود، همیشه خیال می‌کرد در چهل سالگی می‌میرد و همین‌طور هم شد. خیلی ماه بود، اما حرف گوش نمی‌کرد. می‌رفت دروازه دولاب پشت یخچال‌های بلند آن‌جا تزریق می‌کرد. نامردها سرنگ آلوده بهش زده بودند. بی‌خون‌بازی.»

یکباره پشتم تیر کشید. انگار مرا از آتش بیرون کشیدند و در آب یخ فرو کردند. گفتم: «خدا رحمتش کند. من دیگر باید بروم.»

گفت: «می‌خواهید همراهیتان کنم؟»

«نخیر.» و تند از آن‌جا بیرون زدم. یک اسکناس در جیب آن نوازندهٔ نابینا گذاشتم و خودم را به خیابان انداختم. دلم می‌خواست لای آدم‌ها، مثل ورق‌های بازی جوری بُر بخورم که کسی نفهمد چه خالی هستم. عصر گرمی بود؛ دستهٔ موهام روی شانه‌ام سنگینی می‌کرد، مردی لب جدول خیابان نشسته بود و با سطل حلبی قرمز پیاده‌رو جلو مغازه‌اش را آب‌پاشی می‌کرد. من خیلی گرمم بود و دلم می‌خواست لباس‌هام را بکنم و خودم را به آب بزنم. دلم می‌خواست سرم را در آب فرو کنم و تا صد بشمارم ولی تا چهل هم نمی‌توانستم، حتی اگر جر می‌زدم.

یک ماشین پت و پهن سیاه برایم بوق زد و من وقعی نگذاشتم. مردی از کنارم گذشت و زیر جلکی گفت بخورم. و من انگار که نشنیده‌ام، ولی داشتم سرسام می‌گرفتم. این همه دشمن داشتم و نمی‌دانستم؟ در دنیایی

زندگی می‌کردم که هیچ پناهی نداشتم، دنیایی که هیچ شباهتی به جامعهٔ انسانی نداشت، جایی مثل جنگل وحش، و من ناچار بودم تحمل کنم، با ترس و وهم راه بروم، با وحشت بخوابم و با دلهره از خواب بیدار شوم. مگر چقدر عمر می‌کردم که بایستی نصف بیش‌تر عمرم را به خنثی کردن توطئهٔ دیگران تلف کنم؟ و چرا کسی به دادم نمی‌رسید؟

لحظه‌ای دچار سرگیجه شدم. فکر کردم کجا بودم، به کجا می‌روم و در کدام زمان قرار گرفته‌ام. نمی‌دانستم به رفتن ادامه دهم یا برگردم؟ به کجا برگردم؟ به قطاری که در تاریکی با سرعت سرسام‌آور می‌رفت؟ به کافه فردوسی، یا به خانهٔ شما. دلم به یاد شما پر کشید، گره روسریِ خیالم را محکم کردم و به عزم خانهٔ شما راهم را تغییر دادم، اما ناگاه زنی سینه به سینهٔ من سبز شد، و با لحنی تند گفت خواهر. گفتم که من نیستم. پشیمان شدم و به همان راه ادامه دادم. گرمم بود و دلم می‌خواست به او فکر کنم. سه ماه، نه. دو ماه و چهار روز می‌شد که او را ندیده بودم و هیچ کس و هیچ چیز جای خالی او را پر نمی‌کرد، حتی روزگار نقش و نگاران. مدتی بود که به کافهٔ فردوسی نمی‌آمد، کسی خبری از او نداشت و هیچ چیزی بوی او را نمی‌داد. آیا از من رنجیده بود؟ آیا قهر کرده بود؟ و آیا طاقتش طاق شده بود که دیگر رو نشان نمی‌داد؟

من که سال‌ها پیش از آمدنم به این دنیا خود را در او احساس می‌کردم، در روح او، جان او و خون او بودم، در رگ‌هایش جریان داشتم و در نگاهش همیشه نشانی از من وجود داشت، و وقتی به خواب شما می‌آمد به وضوح می‌دیدم که دست به گردنتان می‌اندازد و بر آفریدگار من درود می‌فرستد، به تابلوهای شما نگاه می‌کند و به شوخی می‌گوید آقای کپی‌الدوله، آیا حالا در یادش بودم؟ دلم می‌خواست یک بار، فقط یک بار او را ببینم و بهش سلام کنم. جلوش با احترام بایستم که کلاه از سر بردارد

و بگوید هوا چقدر گند شده، یا مثلاً اسم شما چیست، و چند سالتان است. حتی دلم می‌خواست با اخم بگوید: «برای چی راه می‌افتی تو این کافه‌ها. بتمرگ گوشهٔ خانه‌ات.» شاید سری زدم. تا من بگویم: «امشب می‌آیید؟» می‌توانست از چیزی دیگر عصبانی باشد، به خلقت من اعتراض کند و با اخم از من بپرسد: «برای چی به این دنیا آمده‌ای؟» من بگویم: «برای اغوای شما.» و بعد دود شوم و از برابر آن چشم‌های سیاه و براق بگریزم.

آرزو داشتم یک بار، فقط یک بار چشم‌هاش بدرخشد، لبخندی روی صورتش نقش ببندد و به من بگوید: «یاهو، دیدار به قیامت.»

چرا بدبخت بودم، چرا هرگز به وصال او نمی‌رسیدم و اگر می‌رسیدم مثل یک زنبور عسل در جان من خانه می‌کرد و در چشم بهم زدنی ترک خان و مان می‌گفت؟ آیا به این خاطر که چهارپاره استخوان، آن جسم بی‌خون و روحش را به من تحمیل کند؟ چقدر بدبخت بودم و نمی‌دانستم. چقدر به کافه‌ها و پاتوق‌هاش سر زدم و او را ندیدم، چقدر از برابر خانه‌شان گذشتم که شاید اثری از او بیابم و نیافتم، چقدر شب‌ها با یاد او خوابیدم اما شما به خوابم آمدید. آیا شما مانع دیدار من با او می‌شدید؟ دیگر نمی‌توانستم.

گرمم بود، به خیابانی پیچیدم که پر از درخت بود و سایهٔ بیشتری داشت. از یک فشاری آب خوردم و سرم را به مغازه‌ها و نقاشی‌ها گرم کردم. آن‌جا پاتوق قلمدانی‌ها بود، همه تابلوها را در سینه‌کش آفتاب پهن کرده بودند که خشک شود، یا شاید هم برای تماشا. تابلوها و پرده‌هایی که هر یک حکایتی داشتند؛ دو کبوتر روی هره نشسته بودند و بق‌بقوکنان به درخت‌های آن طرف عمارت فکر می‌کردند. زنی بلندبالا کوزه‌ای بر دوش داشت. درختی پر از کلاغ بود. عقابی در هوا چرخ می‌خورد.

درختی آن‌قدر قد کشیده بود که از قاب پردهٔ نقاشی بیرون رفته بود. جلوتر رفتم. بعضی از پرده‌ها آدم را به خود جلب می‌کرد، و بعضی فقط آب و رنگی بی‌معنا بود. ماهیگیرها عرق‌ریزان تور می‌کشیدند. زنی بچه‌اش را در آغوش گرفته بود، و گربه‌ای داشت گلولهٔ نخ کاموا را باز می‌کرد. در تابلویی دیگر مردی مو بور، به من یا آدم پشت سرم نگاه می‌کرد. برگشتم، کسی پشت سرم نبود. دوباره نگاه کردم، گفتم من؟ لبخندی زد، دستی به موهای بورش برد، با دستمالی سفید عرق پیشانی و بالای لبش را پاک کرد، ساعتش را رو به من گرفت و مشتش را زیر چانه‌اش گذاشت و همان طور ماند. جلوتر رفتم، به ساعتش نگاه کردم اما نتوانستم بفهمم ساعت چند است. من هم لبخندی زدم و سر تکان دادم، یعنی که: چی شد؟ پلک زد. لب برگرداند و بی‌حوصله گفت: «پزشک بودم، بیخود و بی‌جهت مریض شدم و مُردم. به همین سادگی. خیلی مسخره است، هیچ کس تکلیفش را نمی‌داند. شما اسم این را می‌گذارید زندگی؟»

دست چپم را به حالت پرسش جلو آوردم، مثل گُل باز کردم، و باز سر تکان دادم. یعنی که کاری نمی‌شود کرد. و او را در قابش تنها گذاشتم و گذشتم. اسب‌ها بی‌آن‌که شیهه بکشند خیز برداشته بودند. و در تابلویی دیگر یک دلقک سیرک، هم می‌خندید و هم گریه می‌کرد. ناگاه چشمم به پرده‌ای افتاد که به دیوار مقابل مغازه‌ای آویخته شده بود، پرده‌ای که در آن چشمهٔ آب موج می‌خورد و نسیم خنکی می‌وزید، شاخهٔ درختی بید از پای یک صخرهٔ بلند بر آن سایه می‌انداخت، و هیچ کس آن اطراف نبود. تنها صاحب مغازه پشت به آن پرده نشسته بود و تابلوی دیگری را که تصویر یک گلدان شمعدانی بود ترمیم می‌کرد. وارد مغازه شدم، لحظاتی به آن پرده نگاه کردم. چقدر آشنا بود. من این منظره را کجا دیده بودم؟ به این فکر کردم که لباس‌هام را بکنم و خودم را به آب بزنم. گرمم بود و دلم

می‌خواست برگردم. کیفم را گوشهٔ مغازه گذاشتم، پیراهنم را کندم و بی‌آن‌که سر و صدا کنم آرام در چشمه فرو رفتم. آب خنک بود و هر بار که در آن فرو می‌رفتم چیزی در دلم فرو می‌ریخت.

صاحب مغازه همین‌طور که یک تابلو را ترمیم می‌کرد، ناگهان برگشت، قلم‌مویش را رها کرد و اطراف را پایید. من تند به زیر آب رفتم و وقتی سرم را بیرون آوردم، دیدم آدم‌های جلو مغازه‌اش را با تعجب وراندازم می‌کند. باز به زیر آب رفتم و این بار که بیرون آمدم، آن مرد کارش را رها کرده بود و رو به آن طرف سرگردان بود. اهمیتی ندادم. به صخره نگاه کردم بلکه پیکر فرهاد را بر آن ببینم، اما هیچ کس آن‌جا نبود. نمی‌دانم چرا این‌قدر منتظر بودم بلکه کسی از بالای صخره‌ها نگاهم کند. شنیده بودم که هر وقت در چشمه‌ای باشم، کسی از جایی نگاهم می‌کند، اما هر چه به این طرف و آن طرف چشم دوختم، کسی را ندیدم. قلبم تند می‌زد و چیزی در درونم فرو می‌ریخت. غوطه‌ای خوردم و بالا آمدم، با دست‌های گشوده بر سطح آب، لبخندی به رنگ بنفش که خیال می‌کنم به خاطر سردی آب بود یا شاید به خاطر ندیدن پیکر فرهاد، با موهای سیاه خیس و چشم‌های منتظر.

چقدر دلم می‌خواست سال‌ها در انتظار بمانم تا شاید کسی از بالای صخره نگاهم کند، یا بدانم آن پیکر جان‌داده بر سنگ کجاست، پیکری که روزگاری بچه‌خیاط بود و به خواستگاری دختر پادشاه می‌رفت. ناگاه صاحب مغازه برگشت و مرا دید. انگار که به درختی آتش گرفته نگاه می‌کند، یا انگار که قلبش دیگر توان تپیدن ندارد، دستش را تا روی سینه‌اش بالا آورد و نالهٔ خفیفی کرد.

گفتم: «نترسید.» و خندیدم.

گفت: «شما این‌جا چه می‌کنید؟»

گفتم: «گرمم بود.» سرم گیج می‌رفت و قلبم تند می‌زد.

گفت: «حالتان خوب نیست؟» و به طرفم آمد که از روی زمین بلندم کند. گفتم که چیزی نیست، خودم می‌توانم. نشستم و عرق پیشانی‌ام را با کف دست پاک کردم. گفتم: «آب.»

با دست‌های لرزان یک لیوان آب به من داد و من لاجرعه آن را سر کشیدم. وقتی لیوان را گوشهٔ مغازه می‌گذاشتم، امضای شما را پایین پردهٔ نقاشی دیدم. زود پا شدم، لباس‌هام را تکاندم و با لبخندی از آن مرد خداحافظی کردم. چهرهٔ ملتمسی داشت. احساس می‌کردم حاضر است جانش را بدهد و آن‌جا نگهم دارد. یاد صاحبخانه‌مان افتادم، با این تفاوت که این یکی دچار حیرت هم شده بود. یک نگاه به من انداخت و یک نگاه به پردهٔ نقاشی. آخر طاقت نیاورد. گفت: «چه شباهتی!» کمی قدم زد، دورم چرخید و گفت: «شما از کجا آمدید؟»

من ساکت بودم و خوش‌خوشک می‌خندیدم. گفت: «دارید کجا می‌روید؟» باز هم حرفی نزدم و سرم را به پرده‌های دیگر گرم کردم. گفت: «اسم شما شیرین نیست؟»

نگاهی به سرتاپاش انداختم؛ هیچ شباهتی به فرهاد نداشت. آرام کیفم را برداشتم و از مغازه‌اش بیرون زدم. در سایهٔ درخت‌های پیاده‌رو، راه راست را گرفتم و بی‌توجه به اطراف، تقریباً می‌دویدم. کاش می‌توانستم در آن پرده بمانم و شما را آن‌جا ببینم، گل نیلوفری از کنار چشمه بچینم و به شما تعارف کنم. کاش به خاطر همرنگی با جماعت قوز می‌کردید که از دور به نظر بیاید شما هم پیرمردی قوزی هستید، جوی آبی جلو پایتان جاری است، درخت سروی هم سایه‌اش را به شما داده است که هر کس ببیند بگوید زیر سایهٔ سرو. وگرنه خورشیدی در کار نبود، و شما هم لابد سرگرم پاک کردن قلم‌موهاتان بودید.

«این همه تابلو برای شما بس نیست؟ پس کجایید؟»

غم‌انگیز نیست؟ شما دنبال من می‌گشتید و من دنبال شما. الکل در
رگ‌هایتان می‌دوید و سرعت قطار بیش‌تر و بیش‌تر می‌شد. گرمایی مثل
شعلهٔ بی‌آزار آتش نقاشی از انگشتان پاها و دست‌ها، لاله‌های گوش، و
حتی کمرگاه شما می‌گذشت. قطار آن‌قدر تند حرکت می‌کرد که من خیال
می‌کردم الان به آخر دنیا می‌رسم، اما نمی‌رسیدم. از چمدان بوی تندی
می‌زد و من خودم را زده بودم به آن راه. دست به یقه‌ام بردم، کلید خانهٔ او
لای پستان‌هام بود. یک لحظه احساس کردم کلید خانهٔ قوزی است. شاید،
شاید، شاید.

نمی‌دانم چرا برگ‌های تقدیر من مثل ورق‌هایی بود که از هواپیما
می‌ریختند، ورق‌های سبز و سفید و سرخ جاوید شاه. من همیشه
کاغذهای سرخ گیرم می‌آمد و کسانی بودند که همهٔ رنگ‌ها را داشتند. از
کجا آمده بودم که شبیه هیچ کس نبودم؟ فکر کردید اگر می‌دانستید من کی
هستم و کجا هستم نامه‌ای برایم خواهید نوشت. و چرا نامه؟ اگر
می‌دانستید، شخصاً به سراغم نمی‌آمدید؟

نیروی غیرارادی شما را از جا کند، تند به سراغ لباستان رفتید، کت و
شلوار پوشیدید، کراوات سبز بستید، ادکلن زدید و موقعی که خواستید
راه بیفتید فکر کردید به کجا باید بروید. همه به چنین وضعی دچار
می‌شوند اما وانمود می‌کنند که اصلاً این‌طور نبوده است. آماده می‌شوند،
کفش و کلاه می‌کنند، خوشبوترین عطرها را به خود می‌زنند، و آن قدر
سرگرم آراستن خود می‌شوند که یادشان می‌رود به رفتن فکر کنند، بعد که
می‌خواهند راه بیفتند دیوارهای درون جمجمه‌شان یکی پس از دیگری
فرو می‌ریزد و آن قدر گرد و خاک می‌کند که هیچ چیز به ذهنشان نمی‌آید.
خدا کند کسی باشد که به آدم بگوید کجا می‌روی؟ و من در ذهنتان گفتم

شصت سال به عقب برگرد و بیا پیش مـن، قـول مـی‌دهم کـه هـر دو از
سرگردانی نجات پیدا کنیم و حتی برای دقیقه‌ای معنای زندگی را بفهمیم.
گفتم: «می‌آیی با هم دوست شویم؟» اما هر چه کردید نتوانستید. مگر
می‌شود؟ گذشت آن زمان‌ها که کسی موی سیمرغ را آتش می‌زد و همان
دم سیمرغ بر درگاهش حاضر می‌شد. دیگر نمی‌شد. حتی اگر آن قطار با
آخرین سرعتش حرکت می‌کرد، باز هم من به شما نمی‌رسیدم. و راستی
قطار به کجا می‌رفت؟

بلیت بین انگشت‌هام مانده بود. در نور کمرنگی که از سقف می‌تابید
به نظرم آمد چیزی روی آن نوشته شده اما هر چه فکر کردم نتوانستم خط
را بخوانم. ناگاه صدای خندهٔ ترسناک و موحش پیرمرد قوزی بر سرم
فرود آمد. خیال کردم این صدا را در ذهنم شنیده‌ام، اما وقتی سر بلند
کردم دیدم روی صندلی کنار در نشسته و با صورتی مچاله شده به من
می‌خندد، با دندان‌های سیاه شده، موهای چرک و به‌هم چسبیده، خود را
در عبایی اُخرایی‌رنگ پیچیده بود و نمی‌توانست جلو خنده‌اش را بگیرد.
من خودم را نباختم و سعی کردم بر خودم مسلط شوم اما گیر افتاده بودم.
دست‌هام را به گوش‌هام گرفتم و جیغی کشیدم که تمام بدنم شروع به
لرزیدن کرد، بی‌آن‌که صدایی از دهنم بیرون بیاید. فقط صدای نالهٔ خفیف
خودم را شنیدم، بعد احساس کـردم عـدهٔ بـی‌شماری در جـمجمه‌ام راه
می‌روند و حرف می‌زنند. انگار عده‌ای دانشجوی سادیست کتاب در
دست با صدای بلند فرمول حفظ می‌کنند، ولی صدای هیچ کدامشان
واضح نبود. به صورتم چنگ زدم و با دندان یکی از انگشت‌هام را آن قدر
فشار دادم که خون فواره زد. آن وقت پیرمرد ساکت شد و با اخم گفت:
«شما که زخمی شده‌اید که. دستمال بدهم که ببندید دورش؟» دستمال
چرکمرده‌ای از جیبش بیرون آورد و به طرف من گرفت.

گفتم: «چرا این‌قدر تکرار می‌شوید؟ شما کی هستید؟»

گفت: «تنها مسافر این قطار که شمایید، هان.»

گفتم: «یعنی چی؟»

گفت: «جز شما هیچ کس که در این قطار نیست. می‌خواهید که بروید نگاه کنید.»

گفتم: «راستی؟»

از جا کنده شدم، درِ کوپه را باز کردم و در راهرو شروع کردم به دویدن. در جهت مخالف می‌دویدم و به همهٔ کوپه‌ها نگاه می‌کردم، هیچ کس نبود. باز هم رفتم. درونم جیغ می‌کشید اما صدایی ازم درنمی‌آمد. آیا از کوه پرت می‌شدم؟ آیا در چاه بی‌انتهایی فرو می‌رفتم؟ و آیا داشتم از رحم مادری به دنیا پا می‌گذاشتم که بایستی نفس‌نفس‌زنان و هراسان یکباره گریه سر بدهم؟ چقدر سخت بود! صدای جیغ کشیدن درونم را در کاسهٔ سرم حس می‌کردم و می‌گریختم. از چیزی ناشناخته می‌گریختم که به نـاشناختهٔ دیگـری رو بیاورم. به یاد سال‌هایی دور از عـده‌ای تشـنه می‌گریختم و یادم افتاد که دست‌هام را باید زیر پستان‌هام بگذارم تا نیفتند. شـهاب‌های کـوچکی درسـت در بـرابـر چشـمانم مـی‌سوختند و مـحو می‌شدند، اما ستاره‌های سفید و نقره‌ای در بازی شهاب‌ها آرام به راه خود می‌رفتند. جدی و موقر. بالای کهکشان ایستاده بودم اما دستم به فرمانم نبود که با تلنگری بتوانم ستاره‌ها را از بازی خارج کنم. هیچ چیز به فرمانم نبود. چقدر سخت بود و چه فشاری به گردهام می‌نشست! نه برای زندگی کردن، بلکه فقط برای زنده ماندن چه دست و پایی بایست می‌زدم. چه مرگم بود؟ نمی‌دانم. فقط می‌دانم که چیزی مرا هراسان می‌کرد و جاذبه‌ای ناشناخته مرا واپس می‌کشید. آن قدر رو به عقب دویدم که به انتهای قطار رسیدم، دستم را برای اطمینان به دیوارهٔ آخر زدم، و از پا

افتادم. نفس‌نفس‌زنان و وحشت‌زده سرم را زیر انداخته بودم که مبادا چشمم به بیرون بیفتد. حالا دیگر از پنجره‌ها هم می‌ترسیدم. انگار سیاهی بیرون خلأ بی‌پایانی بود که اگر در جاذبه‌اش می‌افتادم، تا ابد در درونم جیغ می‌کشیدم بی‌آن‌که صدایی از دهنم بیرون بیاید. انگار به دنیایی ناشناخته پا می‌گذاشتم که زمین نداشت و من، بی‌آن‌که بمیرم، چون روح سرگردان یا روح سرگشته در فضا معلق می‌ماندم. وحشتی بالاتر از مرگ وجودم را گرفته بود. در یک لحظه احساس کردم تمام هراس من از تنهایی است. از تنها مردن نمی‌ترسیدم، از این‌که تنها زنده بمانم می‌ترسیدم. چند جیغ پیاپی کشیدم. بغض راه گلویم را گرفته بود، نفسم تنگ می‌شد، و وقتی اشک‌هام بر صورتم لغزید بلند شدم. به خودم دست کشیدم که ببینم هستم. آن وقت راه افتادم.

همهٔ کوپه‌ها خالی بود. من سوت می‌زدم، گریه هم می‌کردم اما این دل صاحب‌مرده‌ام آرام نمی‌شد. بغض در گلویم کینه کرده بود. سوت، گریه، سوت، گریه، سوت، سوت. و کاش می‌توانستم به جای گریه کردن سوت بزنم. مثل آهنگی که بعدها مرد نابینای موقری جلوی کافه فردوسی با آکاردئون می‌زد.

گفت: «این آهنگ بر اساس سوت شبانهٔ مستی ساخته شده.»

گفتم: «قشنگ است.»

«لابد شما هم قشنگید.»

«کاش می‌توانستید ببینید.»

«من اهل تماشا نیستم، اهل آهنگ‌های غم‌انگیزم.»

گریه می‌کردم و سوت هم می‌زدم. هیچ کس نبود. همهٔ کوپه‌ها خالی بود. پیرمرد قوزی را می‌جستم که به او پناه ببرم شاید در کنارش آرام بگیرم، اما او هم نبود. کجایی پیرمرد؟

نبود.

چقدر راه رفته بودم؟ باز هم ادامه دادم، از کوپهٔ خودمان گذشتم، به اولین واگن رسیدم. بعد وارد اتاق لکوموتیوران شدم. درِ کابین را باز کردم، و وقتی پا به درون آن گذاشتم فهمیدم که قطار رانندهای ندارد. و آنجا بود که دانستم نیروی مرموز قطار را هدایت میکند، بیآنکه کسی سوخت برساند، یا کسی پشت فرمان نشسته باشد. صدای سرسامآور توربینها نشان از سرعتی غیرعادی داشت. دو صندلی آنجا بود که هر دو خالی بود، یک پروانه به پنجرهٔ مشبک سمت راست خشک شده بود و کابین بوی دهن مرده میداد. بوی دهن مردهای که با سدر و کافور شستهاند، و پنکهای با تمام توانش باد میزند که جسد بو نگیرد. چنان دچار سرگیجه شده بودم که نمیتوانستم سرپا بایستم. میخواستم بنشینم، در خودم مچاله شوم، و مثل گلولهای مسی قِل بخورم، چرخان و بیصدا از گوشهای به بیرون بیفتم، جوری که کسی مرا نبیند. اما هیچ قدرتی نداشتم. مبهوت و منگ به تیرهبختی خودم نگاه میکردم، به شومی سرنوشتم که همهٔ راه را به ارادهٔ خودم آمده بودم، و در همهٔ راه لحظه به لحظه بر حیرت من افزوده شده بود. آیا کسی باور میکند؟ و آیا شما باور میکنید؟

میتوانید به من بخندید یا بر سرنوشت غمانگیزم خرده بگیرید، اما اگر نگاهی سطحی به خودتان بیندازید درخواهید یافت که وضعیتی بهتر از من نداشتهاید. بیهوده است که بپرسم شما چرا؟! چون نه شما، هیچ کس پاسخی ندارد. آدمیزاد روزی با دیدن دو چشم سیاه، زیر و زبر میشود، بهش فکر میکند، هر شب خوابش را میبیند، دو ماه و چهار روز به جستجویش میپردازد، و وقتی آن را به دست آورد، درمییابد که جنازهای روی دستش مانده است. نه. شما هم بیگناهید. این همه فکر نکنید، پاپی ماجرا نشوید، برگردید.

تند به کوپهٔ شمارهٔ بیست و چهار برگشتم، سر جای خودم نشستم و خواستم مثل آغاز سفر به سیاهی بیرون چشم بدوزم، اما دیگر نمی‌توانستم. بالاسرم را نگاه کردم. چمدان نبود. کسی آن را برداشته و برده بود، کسی با من شوخی بی‌مزه‌ای کرده بود. صورتم را در دست‌هام گذاشتم و به این فکر کردم که نباید بیش از حد دست و پا بزنم. دانستم که خیلی چیزها به اختیار آدم نیست، زندگی خواب‌های گذشته است که تعبیر می‌شود. زندگی تاب خوردن خیال در روزهایی است که هرگز عمرمان به آن نمی‌رسد. زندگی آغاز ماجراست. می‌خواستم فکرم را جمع کنم و یک بار گذشته‌ام را یا آینده‌ام را مرور کنم. می‌دانستم که آدمی وقتی راه می‌رود یک پا پس است و یک پا پیش، وقتی که ایستاده انگار مثل پروانه در جعبه آینه‌ای به دیوار دوخته شده است. اما گیج شده بودم. نمی‌دانستم به گذشته برگردم یا به آینده فکر کنم. بی‌اختیار یادم آمد که زمانی روی تختخواب چرکمرده‌ای خوابیده بودم و دو شمعدان قدیمی بالاسرم دو هالهٔ گرد نیمه‌کاره به دیوار انداخته بودند. هر چند که الزامی برای وجود هاله‌ها نبود، اما برای تقدس آن لحظه‌های ناب، دیوار مقابل مثل محراب شده بود. دو محراب تودرتو که در تهِ آن‌ها نور سبزی می‌سوخت و زیر آن نور سبز، جوانی کاکل‌پریشان تار می‌زد و دهنش بوی خمر می‌داد. می‌گفتند شیخ او را از کوچه پس‌کوچه‌ها یافته است و گفته است: ای پسر، بیراهه مرو! و جوان از درد گفته است چه کنم؟ شیخ گفته است که با ما بیا.

تا سپیده نزده شیخ مناجات می‌کرد و هو می‌کشید، جوان لاغر و نحیف گرسنه‌اش بود و خودش هم نمی‌فهمید. تار می‌زد و نفسش بوی خمر می‌داد. سپیده که می‌زد از گرسنگی مرده بود، و شیخ زار می‌زد که ما هفتاد سال...

سرم را تکان دادم که تصویر ذهنم عوض شـود. قطار تکـان سـختی خورد و سوت‌زنان از سرعتش کاست. همه چیز در آن تاریکی آرام شد، ریتم تند چرخ‌ها از هم گسیخت و قطار ایستاد. سکوتی برقرار شد که بوی دل‌غشه می‌داد. مزهٔ سکه‌های عهد دقیانوس در دهان. طعم گس مرگ.

چقدر هوس کانادا کرده بودم. دلم می‌خواست آفتاب تند بتابد. هرم گرما از چشم‌هایم بیرون بزند، و هیچ کس در کوچه‌مان نباشد. کِی بود؟ شما یادتان هست؟ یک کانادا خریدم، روی پله‌های پشت در خانه‌مان نشستم و لب شیشه را به دهنم گذاشتم. دوچرخه‌سواری از کوچه‌مان گذشت و من نوشیدم، پروانه‌ای بال‌بال‌زنان از دیوار پرگل خانهٔ روبرو به سوی من آمد و دور شد، و من نوشیدم. سرم بالا بود و دو دستی آن شیشهٔ خنک را گرفته بودم که مبادا بیفتد. بعد نفسی تازه کردم، به دو طرف کوچه نگاهی انداختم که مبادا تشنه‌ها از راه برسند، و باز نوشیدم. صدای رادیو می‌آمد، مادرم حتماً خواب بود، و مردم کوچه‌مان خواب بودند، و هنوز جناب‌سرهنگ خانهٔ بغلی برنگشته بود، روزنامه به دست، عرق‌ریزان، تشنه.

هنوز باسی، آن پسر موسیاه که چشم‌های براقی داشت و از پنجرهٔ خانهٔ بلندشان به حیاط ما زل می‌زد نیامده بود که جلو من بایستد، به پاهای لاغر و بلند من چشم بدوزد، بعد آرام دامنم را بالا بزند و نگاه کند. هر چه فکر کردم معنای این کارش را نفهمیدم، و از آن پس بود که هرگز از پنجره به حیاط ما نگاه نکرد، کجا رفته بود؟ آیا خیال کرده بود که من چیزی از او دزدیده‌ام و زیر دامنم پنهان کرده‌ام؟ گفت پروانه. و پروانه‌ای بال‌بال‌زنان و از ورای سرمان گذشت.

هنوز کانادای من تمام نشده بود و سکوت عجیبی سرتاسر کوچه‌مان را قرق کرده بود. در این سکوت بود که من آگاهانه به خواب رفتم. یا شاید

از خوابی طولانی بیدار شدم که آرام گرفتم. چشم که باز کردم روز بود و من در قطار نبودم. آفتاب تند می‌تابید، زمین ترک‌های وحشتناکی خورده بود. یادم نیست که خارزار بود یا گندم‌زار، جایی کویری بود که زن‌های بی‌شماری مشغول کار بودند. زن‌هایی برهنه که پستان‌های آویزانشان را به دوش انداخته بودند تا جلو دست‌شان را نگیرد. با داس بلندی درو می‌کردند و پیش می‌رفتند. خوب که دقت کردم همهٔ آن زن‌ها خودم بودم. از تعجب داشتم شاخ درمی‌آوردم. من؟ یعنی پستان‌هایم آن‌قدر کش آمده بودند که مجبور بودم آن‌ها را از دو طرف به دوش بیندازم؟ و خستگی از جمجمه‌ام شروع شود و تا نوک پنجه‌های پاهام در رفت و آمد باشد؟ آیا آن همه زن من بودم؟ مگر می‌شود؟

یکی از زن‌ها تا مرا دید جلو آمد و گفت: «این‌جا پیش ما می‌مانی؟»

«من؟ نه. می‌خواهم برگردم.»

مثل خمیر زیر آن گرمای تند کش آمده بود، و مثل اشک شمع قطره قطره سرازیر شده بود. نتوانستم نگاهش کنم. رو برگرداندم. ناگهان دیدم که قطاری آن طرف ایستاده است، پیرمرد قوزی در یکی از واگن‌ها را باز کرده بود و با تکان دادن دست می‌خواست چیزی بگوید. پا شدم و به طرفش دویدم. وقتی پای قطار رسیدم، گفت: «نزدیک بود که جا بمانید هان. اگر که من پی‌تان نمی‌آمدم معلوم نبود که چی می‌شد.»

سوار شدم و تند به کوپهٔ شمارهٔ بیست و چهار پناه بردم. روی صندلی خودم نشستم، بی‌آن‌که نظری به بیرون بیندازم. تصمیم گرفتم دیگر از جایم تکان نخورم. قطار سوت زد و راه افتاد، و من احساس امنیت کردم، اما تمام بدنم درد می‌کرد. انگار مرا از چند طرف می‌کشیدند و بندهای استخوان‌هام را از هم جدا می‌کردند. انگار موهام را می‌کندند و فکرم را قطعه قطعه می‌کردند. قطعه‌های پراکنده‌ای که هر یک در جایی پخش

شده بود. سردم بود. مورمورم می‌شد، و بعد یکباره گُر می‌گرفتم. چه
مرگم بود؟

آیا برای این‌که آرامشی به دست آورم باید به سال‌ها بعد فکر
می‌کردم؟ چرا نمی‌توانستم حواسم را جمع کنم، لغزان و بال‌بال‌زنان در
زمان موج می‌خوردم. صدای باسی را می‌شنیدم که می‌گفت پروانه. و من
مثل پروانه از روی این زمان پا می‌شدم، و روی زمان دیگری می‌نشستم. از
روی این قلمدان به روی آن قلمدان.

آیا باز هم دلم برای پدرم تنگ شده بود؟ آیا لازم بود که به خاطر مهلت
چند ماهه دامنم را بالا بزنم و به صاحبخانه‌مان بگویم: «خیلی خوب.» و یا
درد من مربوط به سال‌ها بعد بود؟ آن‌قدر پریشان بودم که نمی‌فهمیدم.

ناگهان چیزی در ذهنم فرو ریخت و دلم مالش رفت. صدای دور و
مبهم آکاردئون آن مرد نابینا را شنیدم. مردی که انگار بخواهد مسئلهٔ
مهمی را اثبات کند، با جدیتی تمام زیرلب می‌خواند: ای روزگار نقش و
نگاران. بغض راه گلویم را بست و بی‌اختیار کیفم را برداشتم، از پله‌های
کافه فردوسی پایین رفتم، وارد دستشویی شدم، در را از تو قفل کردم،
نگاهی در آینه به خودم انداختم که ببینم چند سالم است، چند سال از آن
سال‌ها که جنازه‌ای روی دستم مانده بود گذشته است؟ می‌خواستم ببینم
آیا ممکن است به یاد بیاورم که روزی در گذشته‌ها سوار بر قطاری در
تاریکی به جای نامعلومی می‌رفتم؟ سرنگ را پر کردم و در رگم فرو دادم،
اما باز دستم خط خورد و چند قطره خون روی زمین چکید. حالا صدای
آکاردئون به وضوح شنیده می‌شد، و من به قطره‌های خون خیره بودم که
معمایی و خاکستری می‌نمودند. فکر کردم چرا خون من قرمز نیست،
دستم را به لبه دستشویی گرفتم که نیفتم. پاهام می‌لرزید، به در تکیه دادم
و بعد مثل فانوس تا شدم. گفتم برایتان؟ موضوع انشای ما مثل همیشه

مزخرف بود و من حرف دلم را نوشتم. نوشتم؛ قوزی‌ها تریاکی بودند و ما قلمدانی‌ها همه عرق‌خور، اما دیری نپایید که ما هم به تزریق و مرفین روی آوردیم. ما تباه شدیم و هیچ کس نمی‌خواست گناهمان را به گردن بگیرد. معلم انشای ما پیرمرد، چشم ما بود. آمده بود دم ایوان دفترِ مدرسه به این خیال که در آن بین آن همه دختر سرمه‌ای‌پوش مرا پیدا کند. ناامیدش نکردم. به طرفش رفتم. گفتم: «آقا، دنبال ما می‌گردید؟»

«آره، آره دخترجان.»

از پله‌ها پایین آمد. گفت: «این انشاء را خودت نوشته‌ای؟»

من شیطان بودم. قد و قوارهٔ کوچولوش را چند بار ورانداز کردم، نگاه خندانی تو چشم‌هاش ریختم، و خواستم بگویم مخلص شماییم. اما از دهنم پرید: «جوجه‌اردک زشت.»

هر دو از خنده ریسه رفتیم. گفت: «ای آتش‌پاره.»

ساعت قاب نقره‌ای‌اش را از جیب جلیقه درآورد، گفت: «خیلی خوب نوشته‌ای، اما دیگر از این چیزها ننویس.»

صدای زنگ سوم پیچید و من دوباره لای روپوش سرمه‌ای‌ها بُر خوردم که کسی نفهمد چه خالی هستم. مثل این‌که اشتباه کرده بودم. صداهایی شنیدم: تق‌تق، تق‌تق. صدای کفش پاشنه‌بلند خودم بود؟ در اتاق بزرگی راه می‌رفتم و پسربچه‌ای را که گریه می‌کرد در آغوشم پیش‌ می‌کردم. نفسش که به گردنم می‌خورد، حال خوشی به من می‌داد. با انگشت آرام به پشتش می‌زدم و تکان‌تکانش می‌دادم. گریه‌اش برید و به خواب رفت. بچهٔ خودم بود، اما کِی او را زاییده بودم؟ آب دهنش روی گردنم سرازیر شده بود، و به من نیرو می‌داد که باز راه بروم. حال خوشی داشتم و با کفش پاشنه‌بلند در آن اتاق بزرگ راه می‌رفتم که ناگاه بچه‌ام شاشید و همهٔ لباسم را خیس کرد. تو دلم گفتم خاک بر سرم چرا یادم رفته

بود که لاستیکی‌اش کنم؟ اگر این چیزها را در خواب دیده بودم، تعبیر می‌کردند که شاش یعنی مال فراوان، اما چه فایده که همهٔ این چیزها در بیداری اتفاق می‌افتاد. بچه را روی زمین خواباندم، کهنه‌هاش را پهن کردم و همین‌طور که لاستیکی‌اش می‌کردم، دیدم بچه‌ام دیگر بچه نبود. یک مرد بود. او بود. با همان کلاه شاپو و کراوات باریک، با همان کت و شلوار خاکستری راه‌راه. تا چشمش به من افتاد کلاه از سر برداشت و به نشانهٔ احترام نیم‌خیز شد.

گیج و منگ به لکه‌های خون خیره شدم، سرنگ را از دستم بیرون کشیدم، سوزشی توأم با لرز بر پوستم ماند. چشم‌هام را بستم و صدای تند و یکنواخت قطار را شنیدم. تپش قلبم عادی شد، صدای طبل‌های ریز و درشت می‌آمد، همه هم بهنگام و موزون. چشم که باز کردم قطار در تاریکی می‌رفت و من سرم را به شیشه چسبانده بودم. بیرون تاریک بود، احساس آرامش می‌کردم. همان چیزی که شما حسرتش را می‌کشیدید و از آن محروم بودید. خوب می‌دانستید که اگر به آن زن دل نمی‌باختید، مجبور نبودید بر مقدار تریاک و مشروب خود بیفزایید. آن‌قدر به خودتان بدهکار بودید که نمی‌توانستید جلو آینه سر بلند کنید و به خود نگاهی بیندازید. آیا این بدهکاری از یک سهل‌انگاری به وجود آمده بود؟ شاید بله و شاید هم نه. و آیا گناه کرده بودید که کسی را دوست داشتید؟ آن هم لکاته‌ای که جای سالمی برای غرور و حیثیت شما باقی نگذاشته بود؟ گفتم می‌دانید راه نهایی چیست؟ شما سر تکان دادید، یعنی که نه. گفتم با یک آمپول همهٔ مسائل شما حل می‌شود. تزریق بلدید؟ ناچار که باشید یاد می‌گیرید، اگر یاد هم نگیرید، وقتی ناچار باشید تزریق می‌کنید. مواظب باشید دستتان خط نخورد. دردش روی پوست می‌ماند. می‌بینید به چه روزی افتاده‌ام؟ تزریقی شده‌ام، دیگر با کشیدن کارم درست

نمی‌شود، حتی تزریق هم چندان راضی‌ام نمی‌کند، خون‌بازی می‌کنم. سرنگ را که تا ته خالی کردم، کمی خون می‌کشم و فرو می‌دهم. باز کمی خون می‌کشم و باز فرو می‌دهم. اِی. شاید، شاید. کثافت‌کاری است، می‌شنوید؟ تنم کوفته و خسته است، استخوان‌هام به سیم‌کشی افتاده، انگار قطعه‌قطعه‌ام می‌کنند و از نو می‌سازندم. این‌که سرم را توی دو تا دست‌هام می‌گیرم و خودم را تکان‌تکان می‌دهم به این خاطر است که دیگر نمی‌خواهم ذهنم را به چیزی متمرکز کنم. دوست دارم مدام تصویر ذهنم عوض شود. حالم را نمی‌فهمم، گرسنگی‌ام را نمی‌فهمم، خواب و بیداری‌ام را نمی‌فهمم، درد دارم و دلم تنگ است.

یک روز از زور گشنگی زدم بیرون. روسری ماشی‌رنگ سرم کردم و زیر گردنم محکم گره زدم، مانتو مشکی پوشیدم، یک تاکسی سوار شدم و گفتم مرا به مرکز شهر برساند. مغازه‌ها بسته بود و سر و صدای غریبی می‌آمد. مردم به خیابان ریخته بودند. کوچک و بزرگ، زن و مرد، همه سینه می‌زدند و حسین‌حسین می‌کردند. کنار خیابان ایستادم و به دسته‌ای دل دادم که مثل مرغ سرکنده پرپر می‌زدند. گریه‌ام گرفت. تو دلم گفتم برای پیغمبرشان این کارها را نمی‌کنند، اما برای این یکی ببین چه می‌کنند، قشنگ نیست؟

چه جوری تاب می‌آوردند؟ گرسنه‌شان نمی‌شد؟ چرا هیچ مغازه‌ای باز نبود، چرا نانوایی‌ها پخت نمی‌کردند؟ از جلو مسجد شیشه رد شدم، سبز بود. بوی قیمهٔ امام‌حسین می‌آمد. آدم را مست می‌کرد. رفتم تو. همهٔ سیاه‌پوشان عالم آن‌جا بودند و ظرف‌های قیمه دست به دست می‌گشت. احساس غربت داشتم اما دل به دریا زدم و جلو رفتم. به مردی که بر درگاه زنانه ایستاده بود گفتم: «آقا به من هم غذا می‌دهید؟»

خندید، نگاهی به سرتاپام انداخت و گفت: «چرا نمی‌دهیم؟ امروز هیچ کس نباید گشنه بماند.»

یک ظرف غذا گرفتم و همین که آمدم به کوچه‌مان بپیچم، زنی جلوم ایستاد. گفت: «مگر نگفتم موهات را بپوشان.»

گفتم: «من؟»

گفت: «آره، تو لکاته.»

گفتم: «من که نیستم.»

چنان محکم به زیر کاسه‌ام زد که غذاها پخش زمین شد. پقی زدم زیر گریه، و روی زمین زانو زدم. همین‌طور که با دست پلوها را جمع می‌کردم و در کاسه می‌ریختم، نفرینش کردم اما دستم را گاز گرفتم و گفتم خدا نکند. بغض کرده بودم و چیزی در سینه‌ام سنگین و سنگین‌تر می‌شد. گشنه‌ام بود و بوی قیمه دیوانه‌ام می‌کرد. یک لقمه در دهنم گذاشتم، اما گریه امان نمی‌داد که لقمه را فرو دهم. بیرون ریختم و هر چه در دهنم بود تف کردم. دلم می‌خواست برگردم. به کجا بایستی برمی‌گشتم؟ به هر جا که برمی‌گشتم مهم نبود، مهم این بود که حالا نباشم. و نبودم.

گرسنه به روزگار نقش و نگاران برگشتم، و تا به خانه‌مان برسم شب شده بود. همان دم اتاق از حال رفتم. دری گشوده شد و من در میان تصاویر باستانی قرار گرفتم. یک قهوه‌خانهٔ بزرگ بر لبهٔ پرتگاهِ زمین قرار گرفته بود که دیوارهاش همه از تار عنکبوت بود. مثل تور، یک پردهٔ توری بافته شده از تار عنکبوت.

درهم‌تنیدگی نامنظم تار هزار عنکبوت که اتاقی به کمال ساخته بودند، اتاقی مه‌آلود و سربی‌رنگ که از هر طرف نگاه می‌کردم آخرین نقطهٔ زمین را می‌دیدم.

در پشت تارها پیرمردی قوزی استکان‌ها را می‌شست، چای دم

می‌کرد و همراه آهنگ رادیو زیر لب زمزمه می‌کرد. زمزمه‌ای که واضح نبود. جلو رفتم و صداش کردم. صدای من از تور یا تار عنکبوت نمی‌گذشت اما صدای زمزمه‌های او را می‌شنیدم. صدای قُلقُل سماور را می‌شنیدم، و دلم می‌سوخت که هر چه صدا می‌زدم، او نمی‌شنید. تشنه‌ام بود. دلم چای می‌خواست. به اطراف نظر انداختم که راهی پیدا کنم. از قهوه‌خانۀ تارعنکبوتی رودخانه‌ای کف‌کنان می‌گذشت. رودخانه‌ای مرزی که وقتی از طرف دیگر بیرون می‌آمد، هفت رشته بود.

پیرمرد قوزی لبخندی زد و زیر لب خواند: «هفت شهر عشق را عطار گشت.»

من صدای او را به وضوح می‌شنیدم. برای همین جلو رفتم و باز با صدای بلند او را صدا زدم. اما انگار از پشت زمانی بسیار صدایش می‌کنم، انگار از پشت کوهی یا جهانی دیگر. یا شاید صدایی از گلویم درنمی‌آمد. نمی‌دانم. بال‌بال‌زنان به سبکی یک پروانه روی خاطرات گشتم. از گذشته به آینده. به همین سادگی. دیدم که به جستجوی شما در پزشکی قانونی در یک سردخانه نشسته‌ام. در اتاق بزرگی روی مبل‌های اُخرایی‌رنگ نشسته بودم. یک دکتر با روپوش سفید پشت میزش بود. مرده‌ای روبه‌روی من از روی برانکار خوابیده بود. کف زمین خیس بود، راهروها و سالن‌ها همه خیس بود و در هر گوشه‌ای چند مرده خوابیده بود. خیلی گرسنه‌ام بود. راه دیگری وجود نداشت و من می‌بایستی کفش‌هام را می‌خوردم. کفش‌هام خیس بود، من کف هر دو را به هم چسبانده بودم، و با اکراه آن کفش‌های سیاهرنگ را گاز می‌زدم. حال تهوع داشتم، اما ناچار بودم. وقتی که آخرین لقمه را خوردم، مردی در حالی که دست یک دخترک هشت نه ساله را گرفته بود وارد اتاق شد. دخترک موهای پریشانی داشت و گریه می‌کرد. من فریاد زدم: «چرا آورده‌ایش این‌جا؟»

گفت: «این دخترم مریض است.»

گفتم: «خوب، چرا این‌جا؟ ببرش دکتر.»

گفت: «نه. دارد می‌میرد، آمده‌ام گواهی فوتش را بگیرم.»

گفتم: «هنوز که نمرده.»

گفت: «دارد می‌میرد. حالش اصلاً خوب نیست. وانگهی اگر مُرد من چه جوری جنازه‌اش را بیارم این‌جا؟ از این گذشته نوبتم را چه کار کنم؟»

دخترک یک اسکناس دویست تومانی دستش بود و دلش می‌خواست با اسکناس پانصد تومانی دکتر عوضش کند. دکتر به طرف من برگشت: «چه کاره بود؟»

گفتم که، قلمدانی بود. می‌دانید، من از شصت سال پیش دنبالش می‌گردم. شما می‌شناسیدش؟ سرم را در دست‌هام گرفتم و خودم را تکان‌تکان دادم تا تصویر ذهنم عوض شود. گفتم با یک آمپول قال قضیه را بکنید. بعضی وقت‌ها برای این‌که چیزی باقی بماند باید فداکاری کرد.

گفتید: «دست از سرم بردار.»

گفتم: «من؟» اما شما نشنیدید و من سخت نگران بودم.

گفتید: «خواهش می‌کنم.»

لکاته خندید و گفت: «خودت را بکش تا دست از سرت بردارم.»

«چه جوری؟»

«با یک آمپول.»

شما از عصبانیت می‌لرزیدید. گفتید: «از این‌جا برو.»

گفت: «تو از این‌جا برو.» تند و تند تخمه می‌شکست و چشم‌هاش گرد شده بود.

گفتید: «تو درست‌شدنی نیستی. حسودی، بـخیلی، بی‌معرفتی،

می‌فهمی؟ من مطمئنم که از کسی لطمه خورده‌ای. دلم می‌خواهد بدانم از کی؟ بگو. بگو اصلاً تو کی هستی؟ از کجا آمده‌ای؟ دنبال چی می‌گردی؟»

«به تو چه.»

می‌خواستید در نهایت آرامش و ادب حرف بزنید، می‌خواستید پیش از هر چیز آدم باشید، ولی روزبه‌روز احمق‌تر می‌شد. به سرشانه و پشت گردنش نگاه کردید که مثل زنان ماقبل تاریخ در لایه‌هایی از چربی و پیه فرو رفته بود. به خنده‌هاش، به حرکات دست‌هاش، به نگاه کردنش که دیگر هیچ‌کدام زنانه نبود، ظرافتی نداشت، به حیوانی می‌مانست که برای ادامهٔ زندگی هر چه می‌یافت می‌خورد، فاسق‌های جفت و طاقش را همراه می‌کشید، و چون آن‌ها تملقش را می‌گفتند، خیال می‌کرد ملکهٔ زنبورهاست.

هر چه او در حماقت فرو می‌رفت، شما عاشق‌تر می‌شدید. قلمدان‌کش و نقاش زبردستی بودید که روزبه‌روز کارتان بی‌رنگ‌تر و ارزان‌تر می‌شد. به حدی که حتی کپی‌هایتان را هم با هزار خفت و خواری می‌فروختید. دیگر سفارش کاری به شما نمی‌دادند، نه عکسی، نه منظره‌ای، نه اسبی و نه گلدانی. هیچ. روزهایتان تلخ می‌گذشت، دستتان به کاری نمی‌رفت، در سستی رخوت‌آوری فرو رفته بودید که اگر به خاطر یک لقمه غذا نبود، تکان هم نمی‌خوردید. ولی ناچار بودید گاه کتابی از کتابخانه‌تان بردارید از خانه بیرون بروید و آن را به قیمت نازلی بفروشید تا نانی، مشروبی یا تریاکی بگیرید و تند به خانه برگردید.

زمانی را به یاد آوردید که وقتی صبح از خواب بیدار می‌شدید، به یاد او لبخند می‌زدید، حاضر بودید به هر کاری دست بزنید بلکه خوشحالش کنید، آینده‌تان را به یاد او رقم زده بودید، و ذهنتان بی او آرام نمی‌گرفت. آیا شیفتهٔ ظاهر و زیبایی‌اش بودید؟ آیا در ناخودآگاهتان چیزی،

خـاطـره‌ای وجـود داشت کـه نـمی‌توانستید فـرامـوشش کنید؟ و آیـا می‌ترسیدید اگر او را از دست بدهید، ناچار شوید در شهر، در بین رجاله‌ها، دربه‌در به دنبال عشق بگردید؟

چه پیش آمده بود که به این وضع افتاده بودید؟ به وضعی که در خواب و بیداری از او وحشت داشتید. می‌ترسیدید بخوابید که مبادا خوابش را ببینید و از وحشت مرگ فریاد جگرخراشی بکشید. می‌ترسیدید بیدار شوید که مبادا سر و کله‌اش پیدا شود، بی‌آن‌که به شما کوچک‌ترین توجهی بکند، بی‌سلام، انگار که شما اصلاً وجود ندارید، سر و صورتش را بشوید، آرایش غلیظی بکند، کیفش را بردارد و با تخمه‌فروشی، پاسبانی، کله‌پزی، یا با هر ناشناس دیگری برود. از این‌که پشت پنجره او را ببینید می‌ترسیدید، برای همین پرده‌ها را کشیده بودید، هرگز کنار پنجره نمی‌رفتید، و هرگز به خیابان نگاه نمی‌کردید. با صدای بلند به خود می‌گفتید کاش عاشق مردی شود و یکباره مثل یک لکهٔ جوهر به زندگی مرد دیگری بیفتد. اما مگر این لکه از زندگی شما پاک می‌شد؟ آن همه تابلو نیمه‌کاره را چه می‌کردید؟ و باز می‌گفتید پس چرا نیامد؟ چرا دیر کرد؟ وای که از دست شما!

زندگی، زمان، کار و هستی در یک چیز خلاصه شده بود، او. دیگر چیزی نمی‌فهمیدید، بجز این زن، این لکاته، این جادو که معلوم نبود چه زهری در روح شما ریخته بود که نه تنها او را می‌خواستید بلکه تمام ذرات تنتان ذرات تن او را لازم داشت. فریاد می‌کشید که لازم دارد و آرزوی شدیدی داشتید که با او در دنیا تنها بمانید و همه چیز در یک زلزله نابود شود. اما خوب می‌دانستید که رجاله‌ها پشت دیوارهای خانه‌تان نفس می‌کشند و راه می‌روند و هر گاه او را ببینند، دُمی برایش تکان می‌دهند و او را قُر می‌زنند. و او ساده، چه ساده می‌رفت!

کاش از یادتان می‌رفت. دو ابروی کمانی، دو چشم سیاه، و دیگر هیچ. یک دسته موی سیاه نامرتب، و دیگر هیچ. لب‌های نیمه‌باز مرطوبی که انگار تازه از یک بوسه برداشته شده بود ولی هنوز سیر نشده بود، و دیگر هیچ؟

نه، هزاران چیز دیگر هم بود که از یادتان نمی‌رفت.

به جستجوی من باز به راه افتادید. لباس پوشیدید؛ پیراهن، شلوار، کاپشن، کلاه کپ کج، همان لباس قدیمی و آیا می‌رفتید که پروانه بگیرید؟ کاش سری به آن دوستم می‌زدید که در پل رومی خانه داشت با کلکسیونی از پروانه‌های رنگارنگ. به سربازهای فلزی سر گذر سلام می‌کردید که احساس امنیت کنید. و در آن کوچه‌باغ‌ها ترانه‌ای هم زیر لب می‌خواندید، یا سوت می‌زدید.

وقتی از خانه بیرون زدید به این فکر بودید که چطور ممکن است به شما سفارش کار بدهند؛ اسبی، منظره‌ای، آدمی، طبیعت بی‌جانی، هر چه و هر چیز که بتواند سرتان را گرم کند، پولی بگیرید که تریاک و مشروب بخرید و تند به خانه برگردید، پیش از آن‌که کسی شما را بشناسد، پیش از غروب؟

خیابان منوچهری شلوغ بود. صراف‌ها در هم می‌لولیدند، و دارایی این و آن را نقد می‌کردند. شور و نشاطی داشتند، خنده از صورتشان محو نمی‌شد. و قصاب‌ها منتظر غروب آفتاب بودند که چراغ بالای دنبه‌ها را روشن کنند. ماشین‌ها کند می‌گذشتند و چرخ‌دستی‌های پر از اثاثیه راه را بند آورده بودند. چند صراف و دو پاسبان جلو یک مغازه آبمیوه‌فروشی معجون افلاطون می‌نوشیدند و یکیشان دسته‌ای اسکناس را در حال نوشیدن می‌شمرد، با یک دست.

ما هم در روزگاری به بازار می‌رفتیم و سکه‌مان را به دست صراف

می‌دادیم تا نقد کند. کمی بیش‌تر یا کم‌تر. چه فرقی می‌کرد؟ اما شما دیگر چیزی نداشتید، و لکاته بارها به شما گفته بود که شپش توی جیبتان قاپ می‌اندازد: «جیک و بیک.»

از شلوغی صراف‌ها گذشتید و به راستهٔ قلمدانی‌ها افتادید. دو کبوتر از روی هره به طرف درخت‌های آن طرف عمارت پرواز می‌کردند. زنی بلندبالا کوزه‌اش را بر سکوی جلو خانه‌اش گذاشته بود و به پشت سرش نگاه می‌کرد. یک دسته کلاغ از درخت خشکی پر کشیده بودند، و عقابی روی درخت جا خوش می‌کرد. جلوتر رفتید. از آن همه تابلو نقاشی، کدامش کار شما بود؟ هیچ یادتان می‌آمد؟

گذشتید. چقدر بی‌معنا!

ماهیگیرها را می‌دیدید که عرق‌ریزان دور تور پر از ماهی حلقه زده بودند، وقت قسمت کردن بود. آن طرف زنی دست بچه‌ای را گرفته بود و تاتی‌تاتی‌اش می‌کرد. مردی موبور، عرق پیشانی‌اش را پاک می‌کرد و بی‌آن‌که به شما اهمیتی بدهد، به فشاری آب خیره می‌نگریست، یا شاید در قاب قهوه‌ای‌رنگی ثابت می‌ماند.

به هنرکدهٔ آیرومیان رسیدید و جلو ویترین ایستادید. اسب‌ها شیهه‌کشان از قاب بیرون پریدند و مردی که از پی‌شان می‌دوید، نفس‌نفس‌زنان از راه رسید، دستش را سایبان چشم‌هاش کرد و به افق خیره شد. در تابلویی دیگر یک ظرف پر از انگور یاقوتی براق، چشم را خیره می‌کرد. کبوتری از درخت کنار خیابان به انگورها چشم دوخته بود و منتظر بود که شما بگذرید تا خوشه‌ای بردارد. به مغازه وارد شدید و به در و دیوار نگاه کردید. پردهٔ بزرگی آن روبرو آویخته شده بود که آب زلالی در آن آرام می‌گذشت، صخره‌ای را دور می‌زد و به راه خود می‌رفت. پیکر

فرهاد بر صخره مانده بود و صدای کرکس‌ها از دور می‌آمد. لابد آن بالا چرخ می‌زدند و از بوی مردار کیف می‌کردند.

آیرومیان وسط مغازه سه‌پایه‌اش را عَلَم کرده بود، پشت به پردهٔ شیرین و فرهاد به یک تابلوی نقاشی ور می‌رفت. مادرش هم گوشهٔ مغازه روی چهارپایهٔ کوچکی نشسته بود. با صورت چروکیده، موهای سفیدی که از دو طرف چارقدش بیرون مانده بود، به کندی شال‌گردن می‌بافت. همان شال‌گردن ارغوانی‌رنگ که سالیان سال به آن مشغول بود. می‌بافت و می‌گشود و نخ را گلوله می‌کرد، و باز دوباره می‌بافت. هزاران بار شال را بافته بود و بازش کرده بود، و حالا از پشت شیشه‌های ضخیم عینک به شما نگاه می‌کرد.

«سلام.»

آیرومیان سرک کشید: «باز که پیدات شد.»

«آره.»

«خبری نیست. می‌بینی که.»

«روزگارم اصلاً خوش نیست.»

«روزگار ما هم خوش نیست. بازار گشاد شده.»

«من از گشنگی زده‌ام بیرون. نگاه به وضعم بکن، من حالم خوب نیست.»

«خوب نکش.»

چند قدم جلو رفتید. درست در برابر او ایستادید: «نمی‌توانم، اگر نکشم که می‌میرم.»

«به جهنم.»

«دیگر از این حرف‌ها گذشته. اقلاً یک پرتره‌ای چیزی بده که این جور دربه‌در نشوم.»

«مگر خودم شش‌انگشتی‌ام که پرتره بدهم تو بکشی؟»

«تو که خبر از حال و روز من نداری.»

«چرا، دارم. یا داری می‌کشی، یا تزریق می‌کنی. من که روی گنج قارون ننشسته‌ام. اصلاً به من چه مربوط که تو...»

عرق از شقیقه‌هاتان می‌ریخت و دست‌هاتان می‌لرزید. گفتید: «پس یک منظره‌ای چیزی.»

با ته قلم‌مویش به پردهٔ شیرین و فرهاد اشاره کرد: «چند وقت است که این را کشیده‌ای؟ وقتی طالب ندارد مگر مرض دارم! به تو گفتم شیرین بکش، رفته‌ای فرهاد مرده کشیده‌ای، آن هم نصفه‌کاره.»

به کنار پردهٔ نقاشی رفتید. نگاهی به صخره انداختید که فرهاد تیشه را بر فرق خود کوفته بود و با صورت روی صخره فرود آمده بود؛ با موهای پریشان، و آرام خفته بود؟

صدای بوقی شنیدید. به پشت سر برگشتید. یک اتوبوس آبی پای کوه ایستاد و عده‌ای دانشجو پیاده شدند که همه کفش ورزشی به پا داشتند. آخرین نفر دختری رنگ‌پریده و لاغر بود که با دو عصای زیر بغل از اتوبوس پایین آمد. یک زن میانسال بلندبالا هم در میانشان بود. آن وقت همهٔ آن‌ها یکصدا مثل گروه کُر با تکرارهایی ظریف در بندهای شعر خواندند: «امشب صدای تیشه، از بیستون نیامد. شاید به خواب شیرین، فرهاد رفته باشد. شاید به خواب شیرین، فرهاد رفته باشد.» و بعد همگی کف زدند. شما کنار کشیدید و روی تخت چوبیِ جلو قهوه‌خانه نشستید. قهوه‌چی بی‌معطلی برای شما چای گذاشت و به مسافران نگاه کرد که همه دور زن بلندبالا حلقه زده بودند. گویی همگی آنان گوش سپرده بودند که ببینند آن زن چه می‌گوید. گفت: «خیلی خوب، این هم بیستون. آنچه در کلاس گفتم رها کنید. طاق‌بستان را هم رها کنید. نقش سنگ‌های

برجستهٔ طاق‌بستان به امر خسرو پرویز انجام شده. دو قسمت درونی و غارمانند آن یادتان هست؟ نقوش بیرونی چطور؟ خسرو پرویز سوار بر شبدیز بـود. در سـمت راست نـخجیرگاهِ بـاتلاقی را دیـدید کـه عـده‌ای داشتند شکار را می‌راندند. یک قایق بود که زنان نوازنده با انواع ساز، آهنگ روزگار نقش و نگاران را می‌نواختند. در سمت چپ خسرو پرویز در حال شکار بود، اما بعدها فتحعلی‌شاه قاجار دستور داد نقش سنگ‌ها را دستکاری کنند که کردند، و نقش آقا را چپاندند توی تصویرها، جای خسرو پرویز مثلاً. مابقی دست‌نخورده باقی مانده. همهٔ این چیزها را هم رها کنید. حالا این‌جا خود بیستون را ببینید. این یک کوه نیست، این پیکر فرهاد است. روی آن دیوارهٔ صاف قرار بوده که نقش فرهاد را بکشند. اما تنها نقش شیرین و فرهاد در فقرگاه مهاباد به جا مانده.»

بعد رو به دختری که با دو عصای زیر بغل، مقابل کوه ایستاده بود گفت: «تو هم در داستانت فرهاد را نکُش. فرهاد در ادبیات فارسی چهرهٔ بسیار شیرینی دارد. بسیار محبوب است. نماد عشق است. هرگز، از قول هیچ کس به فرهاد نگو برو بمیر.»

زن بلندبالا با چهره‌ای بسیار مشتاق، انگار که بخواهد همهٔ آن کوه را در چشم‌هایش جا بدهد، جلو افتاد و بقیه به دنبالش. اما دختری که با عصای زیر بغل راه می‌رفت، عقب می‌ماند. آن‌ها صبر می‌کردند تا او برسد و باز او عقب می‌ماند. صدای ضربه‌های عصایش بر زمین، پُتک یکنواختی بود که کوه را می‌لرزاند و پژواکش می‌پیچید.

شما چای سردشده‌تان را سر کشیدید و پیش از این‌که از جا بـلند شوید یک چای دیگر جلوتان قرار گرفته بود. قهوه‌چی پرسید: «غذا نمی‌خوری؟»

«نه.»

«دو تا تخم‌مرغ نیمرو کنم؟»

شما هیچ نگفتید و به دانشجوها نگاه کردید. از دور صدای سرودشان را می‌شنیدید و می‌خواستید با آن‌ها همراه شوید اما نمی‌توانستید.

قهوه‌چی یک سینی جلو شما گذاشت؛ چند تکه نان، سه تا تخم‌مرغ، یک نمکدان و همین. چقدر گرسنه بودید! بفرمایید، از دهن می‌افتد. دلم می‌خواست با شما شریک شوم. خیلی گرسنه‌ام بود. اما نمی‌توانستم.

آرام آرام غذا خوردید، چای نوشیدید و سیگار کشیدید. دیگر غروب شده بود و وهم عجیبی بر فضا سایه گسترده بود. دانشجوها هنوز برنگشته بودند و سکوت بر وهم آن‌جا می‌افزود. هوا سرد می‌شد و هر چه سیگار می‌کشیدید، نمی‌توانستید جلو لرزتان را بگیرید. قهوه‌چی در قهوه‌خانه‌اش رادیو گوش می‌داد و ظرف‌ها و استکان‌هاش را می‌شست. گاهی همراه آهنگ رادیو زیر لب زمزمه هم می‌کرد. هوا کاملاً تاریک شد ولی دانشجوها برنگشتند. شما سیگار دیگری آتش زدید و به کوه نگاه کردید که با آسمان یکی شده بود. آن وقت در دل تاریکی، پیرزنی ظاهر شد که شال‌گردن ارغوانی‌رنگ می‌بافت. یا شاید داشت بافته‌اش را می‌گشود. چنین پیرزنی را سال‌ها پیش در سرمای ویران‌کنندهٔ شهری دور دیده بودید که کنار آتش نشسته بود و نخ ارغوانی در میل بافتنی‌اش، یا نه، در دست‌های تند و تیزش اسیر بود. گلولهٔ نخ را در جیب کت گل و گشادش گذاشته بود و همین جور که می‌بافت به طرف شما می‌آمد. وقتی کاملاً جلو نور پنجرهٔ قهوه‌خانه قرار گرفت گفت: «شیرین مُرد.»

پنجهٔ دستان بی‌اختیار لای موهاتان فرو رفت و چنگ زد و کند. من اشک را بر گونه‌های شما نمی‌پسندم. دلم می‌خواهد بخندید. مرد که گریه نمی‌کند. آیا چه بشود که مردی گریه کند، و شما چقدر درد دارید؟!

قهوه‌چی از پشت پنجره سرک کشید و همان‌طور که یک سینی گرد را با

دستمال پاک می‌کرد گفت: «ولش کن.» و با انگشت اشاره‌ای به شقیقه‌اش کرد. شما متوجه نشدید. قهوه‌چی بیرون آمد و به شما نزدیک شد، با صدای آهسته گفت: «ولش کن، دیوانه است. عقلش را از دست داده. می‌فهمی؟»

ناگاه در مغازه باز شد. مردی که دست بچهٔ کوچکی را گرفته بود گفت: «آقا، پزشکی قانونی کجاست؟»

آیرومیان گفت: «برو جلو.»

شما آشکارا می‌لرزیدید و پنجهٔ دستتان لای موهاتان فرو رفته بود. چیزی در سینه‌تان چنگ می‌انداخت که بوی تنهایی کودکانه می‌داد. گفتید: «حالا چه کار کنم؟»

«هیچی. برو بمیر.»

«همین؟»

پیرزن همچنان شال‌گردن ارغوانی‌رنگش را می‌بافت، آیرومیان چشمش را تنگ کرد و سرش را عقب گرفت، خیرهٔ تابلویی که بر سه‌پایه بود.

دیگر نفهمیدید چطور به خانه برگشتید. تمام راه را چطور طی کردید که چیزی به خاطرتان نمی‌رسید. به آشپزخانه رفتید، کمد را باز کردید و خرت و پرت‌هاش را بیرون ریختید.

لکاته گفت: «دنبال چی می‌گردی؟»

جعبهٔ قرص‌ها و داروهای کهنه بوی ناگرفته بود. بی‌آن‌که روی آن‌ها را بخوانید، تند و تند همه را به دهنتان ریختید و به اتاق برگشتید.

گفت: «می‌آیی با هم حرف بزنیم؟»

دستتان را با یک حرکت تند بالا آوردید که ساعت مچی برگردد سر جای اصلی‌اش، اما ساعتی به مچ دستتان نبود. کی آن را فروخته بودید؟

بی‌یاد من. در همان حالت چراغ را خاموش کردید و در برابرش نشستید. او روی تخت و شما روی زمین. حالا دیگر چرکمردگی ملافه‌ها پیدا نبود. چند شیار نور که از لای پرده می‌تابید روی دیوار مقابل، پر و بالش را باز کرده بود، ولی نه مثل عقاب، مثل دیوارهای بلند یک شهر قدیمی بود که قلعه‌ها و باروها پشت به پشت به یکدیگر، آفتاب را روی دست می‌برند، مثل دسته‌ای نور و سایه که سر به فلک کشیده‌اند تا ذرات را برای پابوسی به عرش برسانند.

تحرک بدن و نور چشم‌های شما به مرور کم می‌شد. مثل آفتابی که آرام آرام روی دیوار غربی آسمان غرق می‌شود، مثل کشتی جنگی غول‌پیکری که نرم نرم در انتهای دریا غروب می‌کند، لحظه به لحظه بی‌حس‌تر و خالی‌تر می‌شدید. اما او که نمی‌دانست در یک جنون آنی، جعبهٔ قرص‌ها را جلوتان گذاشته‌اید و آن همه قرص رنگ وارنگ را یکباره مشت کرده‌اید و با یک لیوان آب بلعیده‌اید. می‌دید که رنگتان پریده است. و شما احساس می‌کردید که دنیا دور سرتان می‌چرخد؛ مثل آتش‌گردانی که شما به بندش آویخته بودید و چیزی در امتداد سرتان شعله می‌کشید.

گفت: «بدجوری توی دامت افتاده‌ام، لامذهب. با هر مردی باید یکجور تا کرد، اما با تو همه جور. آخر که من کسی را جز تو ندارم. هر بلایی که می‌خواهم سر مردها بیاورم، هر آرزویی که با مردها دارم، هر فکری که در مورد مردها به جانم می‌افتد، همه را جمع می‌کنم و یکجا... ببینم، تو حالت خوش نیست؟»

سیگارش را در جاسیگاری له کرد، و سرش را نزدیک شما آورد. ته‌ماندهٔ دود سیگارش که به صورت شما خورد، متشنج شدید، یک نفس عمیق کشیدید و بالا آوردید. عُق زدید و با شدت بالا آوردید.

جیغ خفیفی کشید و از جا بلند شد: «الهی بمیرم، تو حالت خوش نیست.»

قلبتان پرپر می‌زد، دست‌هاتان می‌لرزید و هیچ حسی در پاهاتان نبود. ملافهٔ تخت را به تندی کشید، لباس و دست و دهنتان را پاک کرد. جلوتان زانو زده بود و نمی‌دانست چه کند. شاید حرف می‌زد، شاید قربان‌صدقه‌تان می‌رفت، شاید فحش می‌داد، اما شما نمی‌شنیدید. از لای پلک از پشت دیواری دودی‌رنگ او را می‌دیدید که جعبهٔ قرص‌ها را پرت می‌کرد و از خانه بیرون می‌دوید. در یک لحظه به مرگ لبخند زدید و به این خیال که دیگر آسوده می‌شوید برای آخرین بار به تصویر من نگاه کردید، تمام نیروی ذخیره‌تان را به‌کار گرفتید که ببینید چشم‌های من در چه حالتی داشته‌اند. چرا این به ذهنتان آمده بود؟ آیا نشانه‌ای از خودکشی در آن می‌دیدید؟

در همان لحظه او را دیدید که با دو مرد قُلدر به خانه برگشته بود. یکیشان پاهاتان را گرفت و آن دیگری از زیر کتف، و بلندتان کردند و دیگر هیچ نفهمیدید. چقدر زمان گذشت، یک روز، یک سال، نه درست بیست و چهار روز بستری بودید. چیزی از بیمارستان یادتان نمی‌آمد، بجز کشیده‌ها و مشت‌هایی که دکترها و پرستارها به شما می‌زدند و فحشتان می‌دادند:

«احمق، عوضی، آشغال، لاشخور، کثافت، کثافت، کثافت.»

بیست و چهار روز گذشت و او مثل پروانه دور و برتان پرپر می‌زد. جایتان را عوض می‌کرد، غذا می‌پخت، جارو می‌زد، می‌شست، همان پای تخت شما می‌خوابید، بیدار می‌شد و باز حرف می‌زد. گاهی هم از خانه بیرون می‌رفت و چند ساعت بعد برمی‌گشت. شما را که بی‌درد و آرام در ملافه‌های سفیدی خوابیده بودید می‌بوسید و می‌گذاشت

همچنان به تصویر من نگاه کنید. می‌دانید؟ مسخره‌ترین چیز دنیا اتفاق افتاده بود؛ شما نمرده بودید، اما زندگی هم نمی‌کردید، فقط زنده بودید. آدمی که فقط می‌شنود، به سختی حرف می‌زند، می‌خندد، می‌گرید، اما اصلاً نمی‌تواند سرپا بایستد، نمی‌تواند قلم به دست بگیرد. فقط هست که بگوید من هنوز نمرده‌ام.

متأسفم.

سوپ می‌پخت، پیشبندتان را می‌بست، قاشق قاشق غذا به دهنتان می‌گذاشت و گاه موهایتان را نوازش می‌کرد؛ با لبخندی نرم بر تمامی صورت، با نگاهی مهربان، صورتتان را اصلاح می‌کرد، لگن می‌آورد و با آب ولرم سر و تنتان را می‌شست. و باز حرف می‌زد.

یک روز که داشت ناخن‌هاتان را می‌گرفت گفت: «می‌آیی با هم عروسی کنیم؟»

«آره.»

همان روز محضردار را به خانه آورد و رسماً زن شما شد. از آن پس زندگی شما تغییر کرد. دیگر هیچ کاری ازتان برنمی‌آمد. تمام روز را در رختخواب می‌گذراندید. به خواب می‌رفتید، بیدار می‌شدید، جایتان را خیس می‌کردید و از خیسی مداوم رختخواب رنج می‌بردید. بعضی وقت‌ها که لکاته سرخوش بود، لیوان مشروبی به دستتان می‌داد، کنار تخت می‌نشست و می‌گفت: «آخیش، بالاخره مال من شدی.»

یک شب خواب دیدید که می‌توانید راه بروید. پاهاتان به فرمانتان بود، از کوچه‌ای به یک خیابان می‌پیچیدید که جماعتی جنازه بر دوش راه را بر شما بستند. از هر طرف که می‌رفتید آن‌ها هم جلوتان می‌پیچیدند. راه را بر شما بسته بودند و نمی‌گذاشتند شما بگذرید. هر چه این طرف و آن طرف می‌رفتید بی‌فایده بود. آن قدر تقلا کردید که خیس عرق شدید و از

حال رفتید. وسط کوچه افتادید و در خواب و بیداری احساس کردید که آنها جنازه را روی تن شما گذاشتند. جنازه‌ای گرم که با پارچهٔ ترمهٔ سبز پوشیده شده بود. یک جوان پانزده ساله. احساس کردید گرمایش روی پیشانی شما ماند. به نظر می‌آمد کسی را که در پارچهٔ ترمهٔ سبز پیچیده‌اند نمرده است. زنده و داغ است. شاید تب دارد. جماعت یکصدا می‌گفتند لااله‌الاالله. جنازه را روی تنتان می‌گذاشتند و باز بلند می‌کردند. دیگر ترستان ریخته بود. لبخند زدید، چشم‌هاتان را گشودید و دیدید که پیرمردی پیشانیتان را می‌بوسد.

لکاته گفت: «تب داری، عزیزم. ولی چیزی نیست.»

پارچه را در لگن شست، چلاند، صاف کرد و باز روی پیشانیتان گذاشت: «تو مثل یک بچه می‌مانی. گرچه دلم می‌خواست از تو بچه‌دار شوم، ولی حالا که نمی‌شود، خودت را مثل یک بچه تر و خشک می‌کنم. به همین هم راضی‌ام. می‌دانی من از یک جای شلوغ آمده‌ام به این جای خلوت. یازده تا خواهر و برادر بودیم که یکی از یکی بدبخت‌تر. توی یک اتاق دنگال زندگی می‌کردیم که همیشه بوی نفت می‌داد، بوی نفت و شاش و چه می‌دانم. پدرم یک آژان تلکه‌بگیر بود که شب‌ها مست می‌آمد خانه. آن قدر عربده می‌کشید که ما از ترس تو رختخوابمان می‌شاشیدیم. بعد هم معلوم نشد کجا گم و گور شد. مثل هیتلر. خودش مُرد؟ کشتندش؟ ما هیچ نفهمیدیم و همین جور بزرگ می‌شدیم. ده سالم بود که یک میوه‌فروش لندهور مرا می‌برد پستوی مغازه‌اش باهام ور می‌رفت. بهت دروغ گفته بودم که تو چشم و گوشم را باز کردی. تو خیلی خوبی، اما حیف. دلم می‌خواست خوشگل‌ترین پسر دنیا را برات می‌زاییدم. من خوب نیستم، هیچ وقت خوب نبودم. از ده‌سالگی همه چیز را فهمیدم. می‌رفتم پستوی آن مغازهٔ لعنتی انگور می‌خوردم، سیب می‌خوردم،

میوه‌هایی که دوست داشتم می‌خوردم، و آن لندهور باهام ور می‌رفت. تا این‌که یک روز دست تو جیبش کردم و عکس یک زن پیدا کردم. من از بچگی حسود بودم. می‌خواستم بدانم آن زن کیست. اما او نمی‌خواست به من بگوید. بعدها فهمیدم زنش است. دیدم ماندن آن‌جا فایده‌ای ندارد. همراه یک کامیون که بار می‌برد جنوب، رفتم و تو دست و بال این شوفرها دست به دست می‌گشتم. مدتی در سَلفچگان سرگردان شدم. راه گم کرده بودم. نمی‌دانستم از کدام طرف باید بروم. یک مدت در گردنهٔ چَلَن چولان ماندم. برف آمده بود و نزدیک بود از سرما نفله شوم. از صبح تا شب عرق گبری می‌خوردیم. از همان‌هایی که گیر فلک نمی‌آمد، استکان را پر می‌کردیم و تا می‌آمدیم به خودمان بجنبیم نصفش پریده بود. می‌گفتم: 'زودباش بخور تا پریان نخورده‌اند.' و پریان هم لابد از سرما دور و بر ما می‌پلکیدند. ما که آن‌ها را نمی‌دیدیم، وقتی استکانمان خالی می‌شد می‌فهمیدیم. راه را که باز کردند، ما هم رفتیم. مدت زیادی جنوب بودم. بندر. رقص بندری هم یاد گرفتم. می‌خواهی برات برقصم؟ حالا نه. بگذار تبت بیاید پایین. آره. آن‌جاها بود که خیلی چیزها یاد گرفتم، پررو شدم، بددهن شدم. همیشه دلم می‌خواست روی مردها راکم کنم، اما هیچ وقت نتوانستم. خودم را خوشگل می‌کردم، دل می‌بردم، یکی را تور می‌زدم و باهاش می‌رفتم. زهرم را بهش می‌ریختم اما بی‌فایده. روزها و سال‌ها گذشت و من بزرگ‌تر می‌شدم. آن روزها همه‌اش مثل هم بود. بگذریم. تا این‌که از نوزده‌سالگی توی همین تهران رفتم سر کار. توی مطب یک پزشک کار می‌کردم که موهاش بور بود، مدام به موهاش ور می‌رفت، هی عرق می‌کرد و مجبور بود با دستمال سفیدی عرق پیشانی و لبش را پاک کند. همان پزشکی که بیخود و بی‌جهت مُرد. بعد هم تو را دیدم. خدا لعنتت کند.»

با نوک انگشت‌ها روی دستهٔ چوبی صندلی ضرب گرفتم و سعی کردم ضرباهنگم را با صدای چرخ‌های قطار یکنواخت کنم. حرکت دستم را تندتر کردم؛ بر سرعت قطار افزوده شد. تندتر، تندتر، تندتر.

آن‌قدر به این کار بی‌معنا ادامه دادم که سرگیجه گرفتم و انگشت‌هام دیگر به فرمانم نبود. حرکت را کُند کردم. آرام، آرام، آرام. دستم را بی‌حرکت روی دستهٔ صندلی گذاشتم. قطار ایستاد. چشم‌هام را بستم، شاید هم چشم‌های بسته‌ام را باز کردم. یادم نیست. فقط یادم هست که در یک ایستگاه مه‌آلود و آبی‌رنگ راه می‌رفتم و دنبال کسی می‌گشتم. کسی می‌آمد یا کسی می‌رفت؟ نمی‌دانم دنبال کی می‌گشتم. به هر آدمی می‌رسیدم با دقت بهش خیره می‌شدم، و هیچ کس او نبود.

به هر طرف می‌رفتم پشیمان می‌شدم که چرا از طرف دیگر نرفته‌ام. به هر آدمی نگاه می‌کردم و افسوس می‌خوردم که چرا به دیگری نگاه نکرده‌ام. آن‌ها قیافه‌های عجیب و غریبی داشتند، مثل این‌که پلک چشم‌هاشان را برگردانده بودند. سرخی داخل پلک مثل تراخم، ترسناک‌شان می‌کرد، و من دنبال کسی می‌گشتم که پلک چشمش برنگشته باشد. همه در هم می‌لولیدند. گنبدها آبی بود، و صدای فغان چند زن از جایی به گوش می‌رسید. از پیرمردی قوزی که سرش را در عبای پشم شتری فرو برده بود، پرسیدم که چرا این آدم‌ها این‌جوری‌اند؟

گفت: «این‌ها همه گناهکارند. گناهی کرده‌اند که چشمشان برگشته.»
گفتم: «چه گناهی؟»

وقتی سرش را بلند کرد، دیدم پلک خودش هم برگشته بود و خون تیره‌ای از چانه‌اش قطره‌قطره می‌چکید. از وحشت جیغ کشیدم اما صدایی از گلویم درنیامد. انعکاس صدا در جمجمه‌ام تاب خورد و چرخید. چند نفر در سرم شروع به دویدن کردند و من حال تهوع داشتم.

انگار چیزی قطره‌قطره در ذهنم فرو می‌ریخت، و دیواره‌های سرم تَرَک برمی‌داشت. دست‌هام را به دو طرف سرم گرفتم و به پشتی صندلی تکیه دادم. صدای قطار دیگر یکنواخت نبود. انگار در باد می‌پیچید، گاه بود و گاه نبود.

لکاته گفت: «یک مدت سوزمانی بودم، حالاش هم هستم. یک روز سر به یک طرف می‌گذارم و می‌روم. آن وقت می‌بینی که دیگر نیستم اما خیال می‌کنی که هستم. می‌دانی، اگر پدرم مست نمی‌کرد و باهام ور نمی‌رفت، شاید سوزمانی نمی‌شدم.»

«زنای با محارم؟»

«اوف، آره، آره، آره.»

صدایش غمگین و کشدار بود. دو سه پک پیاپی به سیگارش زد و گفت: «تبت آمده پایین. حالا یک استامینوفن بهت می‌دهم که راحت بخوابی. آره، عزیزم.»

حالتان داشت به هم می‌خورد. کسی در عین بی‌خبری با شلاق به جان شما افتاده بود و هی می‌زد. عجب دنیای کثافتی! مردی به یک زن زیبا دل باخته بود، فقط به این خاطر که یک تابلو هنری از چهره‌اش، اندامش، انگشتان باریکش و آن نگاه شرربارش بکشد اما مغبون شده بود و مثل من که به جستجوی آن چشم‌ها برخاستم، زیر آوار تن خودش مانده بود؛ جنازهٔ معشوق را بر دوش می‌کشید و راه به جایی نمی‌برد. تا دم صبح صدای گریه‌هاش را پس آن همه سال می‌شنیدم. می‌شنیدم که مردی شصت سال بعد در نیمه‌شب‌های تاریک، در تنهایی گریه می‌کرد و هیچ پناهی نداشت. آن مرد شما بودید. اما من کجا بودم؟ به تصویر من چشم می‌دوختید که شاید برخیزم و در کنارتان آرام بگیرم، یا آرام بگیرید. سر بر شانهٔ همدیگر بگذاریم و اشک بریزیم. با دست‌های فروافتاده و رخوت

خواب‌آوری که از پس آن همه خستگی به سراغ آدم می‌آید، به همدیگر پناه بیاوریم... نمی‌دانم آیا می‌توانستم؟

نه. دیگر نمی‌خواستم.

چشم که باز کردید، لکاته لبخندی زد و یک لیوان چای جلوتان گذاشت. سربندش را از پشت گره زده بود و تند و تند قلم‌موها را می‌شکست و در سطل می‌انداخت. رنگ‌های خشک شده را در کیسه زباله می‌ریخت، بوم‌های نیمه‌کاره و پاره را با طناب نازکی به هم می‌بست، و یک جوانک قُلدر کیسه‌ها را از پله پایین می‌برد و پشت در می‌گذاشت.

خواستید نیم‌خیز شوید، نتوانستید. لکاته به کمکتان آمد. یک متکا زیر سرتان گذاشت که بتوانید چای بنوشید. گفت: «راحت شدیم، نه؟»

به آشپزخانه می‌رفت، بیرون می‌آمد و باز یک کیسه پر از ته‌مانده‌های رنگ و قلم و قلمدان بیرون می‌گذاشت. گفت: «فردا ماله‌کش‌ها می‌آیند. می‌خواهیم در و دیوار را صاف کنیم، رنگ صورتی کمرنگ بزنیم، سیم‌کش بیاوریم، چند شعله لامپ رنگی آویزان کنیم. بعد سمسارها بیایند این هزاربیشهٔ لش را بیندازند بیرون. تو هم از این خرت و پرت‌ها دلت گرفته اما خیال می‌کنی حالت خوش نیست. این‌جا را با پردهٔ منگوله‌دار دو قسمت می‌کنم که چشمت به کله‌پز و تخمه‌فروش و آن‌هایی که می‌گویی ناشناس، نیفتد.»

دو سیگار روشن کرد و یکیش را به دست شما داد. گفت: «گریه می‌کنی؟ من که چیز بدی نگفتم. دیدم نمی‌توانی کار کنی ریختمشان بیرون. باور کن هر چه گفتم و هر چه کردم به خاطر خودت بود. برای کی آن همه رنگ مالیدی روی بوم؟ شهرت بعد از مرگ؟ مرده‌شور. می‌خواهم زندگی جدیدی شروع کنیم. کاری می‌کنم که بشویم توپ.»

دست در موهاتان فرو برد و از موضع قدرت؛ ترکیبی از مهر مادرانه و

نوازش اولین زن جهان به یک حیوان خانگی، ادامه داد: «آخ اگر از این دخمه سرت را بیرون می‌آوردی می‌فهمیدی که دنیا به دست چه آدم‌هایی می‌گردد. یک روز می‌برمت کنار پنجره نشانت می‌دهم. خرابه‌های دور و بر تبدیل به ساختمان‌های بزرگ شده، ماهواره مرتباً برنامهٔ شاد پخش می‌کند، دیگر مردم به همدیگر نامه نمی‌نویسند، فاکس می‌کنند. آن وقت تو می‌نشستی و هی رنگ می‌مالیدی روی بوم و قلمدان. باور کن این‌هایی که می‌گویم خیالبافی نیست. واقعیت محض است. دو ساله این‌جا را می‌کنیم کاخ. یک آپارتمان شیک. بعد من دیگر کار نمی‌کنم، یک عده دختر جوان را می‌اندازم به‌کار. آن وقت شاید باز هم سوزمانی شدم. چه می‌دانم.»

چشمش را به گوشه‌ای دوخت و محو خیالات خود شد. شما به تصویر من نگاه کردید. نوک انگشت سبابه‌تان را می‌جویدید. هوس سیگار کرده بودید، هوس چای، هوس شنیدن سوت مردی مست در نیمه‌شبی بارانی، هوس یک کانادای خنک؛ نمی‌دانم آیا آن وقت یاد پدرتان هم می‌افتادید؟

گفت: «این هزارریشه هم جابندکن است. می‌اندازمش بیرون. می‌روم یک دکوراسیون شیک سفارش می‌دهم که برقش چشم مشتری را کور کند. می‌بینی عزیزم که تمام عمرت را اشتباه کرده بودی؟ یادت هست با کمربند به جانم می‌افتادی و کبودم می‌کردی؟ می‌خواستی از من یک مدل کور و کر بسازی که هی مجسمه بشوم تا چی بشود؟ چی توی کله‌ات بود؟ راستی یادت هست؟»

یادتان هست من درب‌ه‌در به دنبال او می‌گشتم و هیچ اثری از او نمی‌یافتم؟ دیگر به کافه‌ها سر نمی‌زد، هیچ خیابانی بوی او را نمی‌داد، هیچ آدمی شبیه او نبود. و من باز هم دنبالش می‌گشتم. آخر شب یک روز

بهاری، دل به دریا زدم، همهٔ کافه‌ها را یکی‌یکی گشتم، کافه فردوسی، کافه نادری، کافه لُقانته همه جا شلوغ بود، آدم‌ها در هم می‌لولیدند، اما هیچ کس برای من نبود. رفتم توی یک بار، از لابلای متلک و انگشت و حرف‌های رکیک گذشتم، دو تا لیوان عرق سِک خوردم و بیرون آمدم. رفتم کافه فردوسی، یک قهوه سفارش دادم، از پله‌ها پایین رفتم، بی‌آن‌که به فکر قفل کردن در باشم، سرنگ را از کیفم درآوردم، پر کردم و در رگم فرو دادم. وقتی تمام شد، قدری خون کشیدم و باز فرو دادم. کشیدم و فرو دادم، و به خودم در آینه نگاه کردم. چقدر شکسته و پیر شده بودم! از صدای آکاردئون مرد نابینا فهمیدم که باران تند می‌بارد. گرمم بود. از پله‌ها بالا آمدم، قهوه‌ام را ایستاده سر کشیدم، یک اسکناس در بشقاب گذاشتم و بیرون زدم. دست در کیفم کردم، چند اسکناس در تاریکی بیرون کشیدم و در جیب آن نوازنده گذاشتم و با صدای آکاردئونش همنوا شدم:

«ای روزگار نقش و نگاران، هر چه بود خواب بود، خیال بود. ای دل خفته، ای خواب شیرین.»

باران تند می‌بارید. مثل این‌که آسمان برایم کف می‌زد. کف، کف، کف. خودم را رها کردم به سیاهی شب و بارانی که کف‌زنان مرا می‌شست و مست‌ترم می‌کرد. همهٔ مستی‌ها‌م به سلامتی او، من شادخوار او بودم. از خیابان فردوسی بالا رفتم و به خیابان او پیچیدم. جلو خانه‌اش مثل یک سرباز نگهبانی دادم، رفتم و آمدم. از کنار اتاقش بارها و بارها گذشتم و دانستم که نیست. چراغ اتاقش خاموش بود و بوی قهوه‌ای کت و شلوارش در آن هوای بارانی حالی به حالی‌ام می‌کرد. اگر بود و مرا آن‌جا می‌دید، می‌گفت: «مگر تو آبکش اسرار مردمی؟» میلهٔ پنجرهٔ اتاقش را با دو دست گرفتم و سرم را بر هرهٔ آجری‌اش گذاشتم. گفتم؛ ای روزگار نقش و نگاران. ما خدا می‌خواهیم. ما گم‌شدگان بی‌قایق، ما بچه‌محصل‌های

سربراه، ما بلدرچین‌های خیس شده، از داس برزگر می‌ترسیم. ما گناهی نداریم، بی‌پناه مانده‌ایم. گندمزار درو شده، لانه‌های خراب، خانه‌های آباد سه طبقه، بی‌چاره دلم. باران تند می‌بارد و من سردم است، من سردم است. هیچ کس نبود. هیچ پاسخی نمی‌آمد. اتاق بوی مرگ می‌داد، بوی جسدی باد کرده در چمدانی که بر دوش یک زن مانده بود. و آن زن من بودم. نمی‌دانم چرا به یاد شما افتادم. هوای شما به سرم افتاده بود. می‌خواستم سری به شما بزنم. میلهٔ پنجره را رها کردم، دوباره در برابر آن خانهٔ قدیمی رفتم و آمدم. صدای همنوایی کودکان خردسال را شنیدم. نگاهی به سردرِ خانه انداختم؛ آن همه نقش و نگاران بر کاشی‌های آبی باستانی.

چه حالی داشتم؟ هیچ نمی‌فهمم. صدای باران در لابلای چرخ‌های قطار محو می‌شد. ناگاه ماشینی پشت سرم ایستاد. مردی شیشهٔ پنجره‌اش را پایین کشید و گفت: «می‌توانیم امشب را در خدمت شما باشیم.»

پشتم لرزید. سر برگرداندم و در تاریک روشن نگاه کردم. چند نفر بودند؟ نفهمیدم.

گفتم: «من؟»

گفت: «آره تو لکاتهٔ هرزه.»

گفتم: «من که نیستم.»

گفت: «بی‌پدر و مادر.» و خواست از ماشین پیاده شود که من شروع به دویدن کردم. از کوچه‌ای به کوچهٔ دیگر. پس آهو در دشت چگونه می‌دوید که می‌توانست خط غباری از خود برجای گذارد. موهام در باد پریشان می‌شد، و پستان‌هام را با دو دست گرفته بودم که نیفتد. صدای له‌له‌زدنشان را می‌شنیدم و می‌دویدم. در یک لحظه سرم را در دست‌هام گرفتم و خودم را تکان تکان دادم. خواستم تصویر ذهنم عوض شود.

خواستم به روزگار نقش و نگاران برگردم، خواستم در قطاری نشسته باشم به مقصدی نامعلوم، در تاریکی لایتناهی آن تونل دودزده یا آسمان سیاه. جنازه‌ای بر دوشم باشد، اما کسی از من نپرسد که چرا هستم.

سوار قطار بودم؟ روی تخت خوابیده بودم؟ هیچ یادم نیست. فقط به یاد دارم که دو شمع در شمعدان بالاسرم می‌سوخت و او با عطش عجیبی به من خیره شده بود. من مُرده بودم و او مراسم احیای مرا بجا می‌آورد. دورم پرپر می‌زد، و من صدای نفس‌های لرزانش را می‌شنیدم. مزهٔ مایع گس و شـیرینی را در دهـنم احسـاس مـی‌کردم کـه از لای دندان‌های کلید شده‌ام به گلویم سرازیر می‌شد، مثل سرب مذابی که آتش به جانم می‌زد.

از رحم مادری به دنیا پا می‌گذاشتم. دنیایی که در اولین لحظهٔ ورود بایستی سازگریه را کوک می‌کردم و با تمام وجود از ته دل ضجه می‌زدم.

احساس کردم قطار از تاریکی تونل بیرون می‌رود. نور کمرنگی از دور پیدا بود. صدای چرخ‌های قطار آرام آرام می‌گسیخت، مثل لنگر ساعتی که در زمانزدگی خود می‌تکید و آن چرخ‌دنده‌ها فرو می‌شکست. آیا صبح شده بود؟ آیا خورشید بود که نورش را در چشم‌های خستهٔ من فرو می‌کرد؟ یک لحظه متشنج شدم و بر خود لرزیدم. سردی یک کارد را بر بدنم احساس کردم. چیزی بریده شد که من جیغ کشیدم و برای اولین بار صدای جیغ خودم را شنیدم. انگار عده‌ای صیاد طناب بزرگی را در دریا گره می‌زدند، اما موجی تند، مثل یک قیچی دسته‌سیاه، طناب را می‌برید، تور و ماهی‌ها به دریا برمی‌گشتند. بـه سـختی از لای پلک‌ها چـمدان قهوه‌ای‌رنگ بالاسرم را دیدم و بوی مشمئزکننده‌ای در سرم پیچید. بوی دریایی بود که همهٔ ماهی‌هاش مُرده بودند؛ شاه‌ماهی را پسر بزرگ پادشاه برده بود و ماهی‌ها مُرده بودند. دریا بوی مردار می‌داد. بوی نفرت‌انگیزی

که راه نفسم را می‌بست. آن وقت یک موج تند از تنم بالا رفت و همهٔ آن بوی مشمئزکننده را شُست. همه چیز را از یاد بردم. صداهای تازه‌ای آمد. عده‌ای می‌خندیدند، عده‌ای کف می‌زدند، زنی ناله می‌کرد. و آیا آن زن من بودم؟

«دختر است؟»

کسی چمدان را از بالاسرم برمی‌داشت و به سرعت دور می‌شد. آیا دیگر جنازه‌ای بر دوشم نبود؟ دست به یقه‌ام بردم، لای پستان‌هام را گشتم، هیچ کلیدی نبود. سگ‌ها در دوردست پارس می‌کردند و پیرمردی قوزی کنار جوی آبی، زیر یک درخت سرو، انگشت حیرت به دهان برده بود و زیرچشمی انتظار مرا می‌کشید تا گل نیلوفری بچینم و به او تعارف کنم.

این غم‌انگیز نیست؟

پاییز ۷۲ تا پاییز ۷۳

سلام،

دو سال پیش کتاب آشنایی با صادق هدایت ــ چاپ پاریس ــ تألیف دوست نادیدهٔ عزیزم م. ف. فرزانه به دستم رسید. یک‌شبه تمامش را خواندم و احساس کردم آن می‌تواند یک رمان مستند و خواندنی از زندگی مطرح‌ترین نویسندهٔ ایرانی قرن باشد. مدتی گذشت و بی‌اختیار باز به سراغ کتاب رفتم. یک شب دیگر سحر شد.

شبی در اوایل پاییز ۷۲ در حالی که مشغول نوشتن رمان دیگری بودم، ناگهان حس و حالم تغییر کرد. قلبم فشرده شد و هر چه پرپر زدم که از آن بحران خلاص شوم، نشد. به حالت تسلیم، رمان قبلی را جمع کردم. کاغذ تازه روی میز گذاشتم، جوهر خودنویسم را پُر کردم و نوشتم. یک سال و خرده‌ای طول کشید و من هر شب ساعت‌ها پشت میز می‌نشستم تا شیرهٔ جانم کشیده شود. آدم‌ها در برابرم مجسم می‌شدند، فضاها شکل می‌گرفت، همه چیز و همه جا و همهٔ آدم‌ها برایم با اسم و رسم معنا می‌یافتند بی‌آن‌که بخواهم از کسی نام ببرم. برخلاف کارهای گذشته هیچ نقشی از خود بروز ندادم. وقتی رمان را شروع کردم مثل یک اسب وحشی افسارش را پاره کرد و سر به

کوه و بیابان گذاشت. زن قلمدانِ بوف کور روایت می‌کرد و من فقط واسطه بودم تا این شکل غریبِ به دور از خرد بروز کند.

تجربه در لحن بوف کور و گردش در نقاشی قلمدان یک جنون بود. جنونی که آهسته آهسته روحم را می‌جوید. زن بوف کور حالا به حرف آمده بود و در خواب و بیداری دست از سرم برنمی‌داشت. هر شب قلبم تند می‌زد، دستم می‌لرزید و حال خودم را نمی‌فهمیدم. چه مرگم بود؟ یک سال سخت را می‌گذراندم، درد داشتم و دلم تنگ بود. هر شب که کار تمام می‌شد و به رختخواب می‌رفتم به این فکر بودم که آیا فردا چه خواهد شد. طرح قصه‌ای نداشتم و نمی‌دانستم ادامهٔ ماجرا چه خواهد بود. در تاریکی روی بند مانده بودم که نه راه پس داشتم و نه راه پیش. با چوب بلندی در دست‌ها راه را می‌جستم که نیفتم و خودم را از قید این فشار آزاد کنم.

اما در آن روزها و شب‌ها به مسئلهٔ تازه‌ای پی بردم که برایم یک کشف بود: احساس می‌کردم ارتباط عمیقی بین هدایت و نظامی وجود دارد. ارتباطی که هرگز عینی نیافت، فقط در ناخودآگاهم موج می‌خورد. اما هر چه فکر می‌کردم نمی‌توانستم آن را تعریف کنم. هدایت چه ربطی به نظامی داشت؟ آیا به خاطر سیلان ذهنی دو هنرمند بوده که ورای تریخ سیاسی مثل ابری ناتمام بر فراز آسمان می‌ایستادند و مدام می‌باریدند؟ آیا برای مینیاتورها بود؟ آیا چیزی در کودکی‌ام دریافته بودم که حالا خاطرم نبود؟ برای گنبدها، رنگ‌ها، پری‌وار زیستن آدم‌ها؟

چرا احساس می‌کردم افسانه‌ای را که مادربزرگم در هفت سالگی برایم گفته بود به این دو هنرمند مربوط می‌شود؟ پسر پادشاه یا بچه‌خیاط؟ کدامشان فرهاد بوده و کدام صادق هدایت؟

عاقبت سردرنیاوردم و پی ماجرا را نگرفتم. این چند خط را هم به این دلیل نوشتم که بگویم می‌خواستم به بوف کور

ادای دِین کرده باشم، یا حـتی بـه صـادق هـدایت. چـه فـرقی می‌کند؟ یا شاید پیش از دیگران ـ از ما بهتران ـ بگویم که من ناخودآگاه این جُرم را مرتکب شـده‌ام! ایـن چیزها هـیچ مـهم نیست. مهم این است که از زمان نگارش تا این تاریخ با آدم‌های کتاب زندگی کرده‌ام، راه رفته‌ام، غذا خورده‌ام، قهوه نوشیده‌ام، و به این نتیجه رسیده‌ام که ما همه دستاورد دیگرانیم و هـر کس خودش را تعریف می‌کند.

به هر حال جسارتم را به دوست فرزانه‌ام پیشکش مـی‌کنم. کسی که چراغ هدایت را به دستم داد.

عباس معروفی ـ اردیبهشت ۱۳۷۴

خرمشهر

۸۷۵۷۹۶۰